엄마 껴안기 대회

엄마 껴안기 대회

김미월 산문

2020~2024

난다

차례

프롤로그 외계 소년 엘레프 9

2020년

아이 재우는 법 18
오십일번째 아이디어 21
눈치가 없다는 이유로 24
정답을 찾아서 27
학생, 안 추워요? 30
영원히 스물세 살 33
작가들의 천국 36
우리가 다 같이 나온 사진 39
아홉 개의 죽산 너머에 42
하고 싶었던 일을 한다는 것 45
꾀병 모녀 48
지나가지 않는 것도 있다 51
요즘 아홉 살은 54
제목만 봐도 알 것 같은데 57
이젠 내 사랑이 되어줘 60

2021년

아무짝에도 쓸모없는 질문 64
문 앞에 놓고 갑니다 67
나는 보지 못한 것 70
어느 쪽이 더 견고한가 73
시보다 시적인 일 76
소금인형에게 말해줄게 79
엄마는 꿈에서도 바쁘다 82
너는 어떻게 살고 있니 85
스타크래프트를 하는 목적이 무엇인가? 88
달리기를 한다는 것 91
아메리카노 주문하는 법 94
네잎클로버를 뜯지 않고 놔두면 97
기억이 안 나요 100
낙법이 웬말인가 103
이 이야기의 교훈은 106
나도 한때는 펜싱을 했지만 109
찬 통의 편지를 부치기까지 112
기프티콘은 커피가 아니잖아요 115
빠르고 간편한 위로도 위로 118
진실은 저 너머에 121

2022년

한밤의 산책 *126*
나의 고민은 *129*
어떤 졸업식 *132*
학용품을 사러 갔다가 *135*
아파트 가격 1원 *138*
하루에 한 권씩 읽어도 *141*
빵점 맞아도 되지요? *144*
아마도 외로워서 *147*
오래 간직해온 물건들 *150*
인생 선배의 조언 *153*
선배님께 올리는 안부 *156*
아무 문제도 없어요 *159*
반으로 줄여도 *162*
첫 수업에서 생긴 일 *165*
어디 가고 싶어? *168*
축하드립니다! *171*
방울토마토의 행방 *174*
소풍의 본질 *177*
문학주간 후에 깨달은 것 *180*
커피 한잔의 거리 *183*

2023년

왕도는 따로 있다 *188*
붕어빵을 사러 갔다가 *191*
호텔에 돈 벌러 갔어요 *194*
창밖의 빗물 같은 것 *197*
여기는 나폴리 *200*
저의 장래희망은 *203*
사귀자는 말 *206*
네게 줄 수 있는 건 차비뿐 *209*
저는 그런 사람 편입니다 *212*
그때도 틀렸고 지금도 틀렸다 *216*
나 같은 어른을 위한 동화 *219*
오래전 오늘 우리는 *222*
가루만큼 아파요 *225*
젊고 아름다운 말 *229*
깊고 컴컴한 동굴 속으로 *232*
귀신보다 무서운 것 *235*
선생님, 어떻게 지내시는지요? *238*
마술처럼 아름답고 신기한 *242*
문학은 오류 *245*
나비의 전설 *248*
나는 옛날 사람 *251*
백두산에서 발견한 것 *255*
없던 인간미가 생긴 날 *258*
당신은 어떤 유형? *261*
올해 최고의 묘사 *264*
심사 결과와는 상관없는 심사 후기 *267*
모르고 말했지만 *270*

2024년

눈에 눈이 들어가면 276
나 홀로 놀이공원 279
해주고 싶었던 말 282
내가 궁금한 것 285
저를 뽑아주세요 288
기억은 어디로 가는가 291
유월이 오면 294
인기가 많을 수밖에 297
삶이 먼저지요 300
선물하기의 어려움 303
혼자 학교 가는 길에 306
이것도 직업병 309
어디가 제일 좋았니 312
엄마 껴안기 대회 315
사라진 그리마 318
춘천행 기차에서 생긴 일 321
이것이 정말 소설이라면 324
찹쌀 도넛과 시 327

에필로그 껴안은 사람을 미워할 수는 없을 테니 331

프롤로그

외계 소년 엘레프

 작가가 된 후 어쩌다 문학에 대한 질문을 받을 때면 늘 움츠러들었다. 그래서 우물쭈물하다가 변명하듯 대답하곤 했다. 문학에 대해 뭔가 말하려 하면 실제 생각보다 근사하게 포장해서 말하게 된다고. 그것이 마음에 걸려 말하기 망설여진다고.
 실은 그런 대답조차 포장이었다. 그저 할말이 궁했던 것이다. 문학에 대해 깊이 사유해본 적이 없으니까. 평소에는 물론이고 소설을 쓸 때에도 그것을 딱히 염두에 두지 않았으니까. 내가 문학을 심각하게 고민한 때는 아마 그와 관련된 질문을 받은 순간뿐이었을 것이다.
 이상한 일이기는 하다. 내가 직업으로 하는 일이 소설 쓰기이고, 소설이 엄연히 문학의 한 장르이니, 나는 일상적으로 문학을 하고 있는 셈이다. 그런데 어째서 내 일에 별 생각이 없는가? 문학이 내게 무엇인지, 장차 어떤 문학을 하고 싶은지, 그런 기본 질문 정도는 수월하게 받아넘겨야 마땅하지 않을까?

모르겠다. 다시 생각해도 자신이 없다. 그래도 꼭 대답을 해야 한다면 이 질문을 받았을 때 가장 먼저 떠오른 오래된 기억 한 토막에 대해 이야기할 수 있을 것이다.

인광석燐鑛石. 사람 인人과도 상관없고 빛 광光과도 상관없는 그 단어를 어디서 어떻게 접했는지는 기억나지 않는다. 어쨌거나 당시 열한 살이었던 나는 사람과 빛과 상관이 있는 어떤 특별한 돌멩이를 떠올렸고 그 이미지에 사로잡혔다. 그래서 어느 날 홀린 듯이 그것에 대한 이야기를 지어 썼다. 오묘한 푸른빛을 내뿜는 주먹만한 인광석을 품고 그 주인을 찾아 지구로 온 소년, 화성의 마지막 생명체 엘레프 이야기를.

제목 「외계 소년 엘레프」. 돌이켜보면 어설픈 공상과학소설 흉내에 단선적 인물들, 권선징악으로 요약되는 줄거리에 우연의 남발과 예측 가능한 결말까지 유치하기 짝이 없는 글이었으나, 그것을 쓰는 동안 나는 배도 안 고프고 졸리지도 않고 옆에서 오빠가 괜히 못살게 굴어도 괴롭지 않았다. 아니, 배고프고 졸리고 괴로웠지만 그런 줄도 몰랐다고 할까. 일찍이 해보지 못한 놀라운 경험이었다. 그야말로 지복의 순간이었던 것이다.

스프링 노트 한 권을 꽉 채운 엘레프 이야기를 나는 엄마에게 보여드렸다. 엄마는 마침 집에 놀러온 옆집 새댁에게 그것을 보여주었다. 새댁은 그것을 다시 친한 동네 아주머니에게 주었고 아주머니는 그것을 나보다 한 살 아래인 딸에게 건넸는데 딸이 학교에서 그것을 읽다가 담임선생에게 압수당했다. 그리고 선생은 그것을 분실했다며 돌려주지 않았다. 나보다 엄마가 더 충격을 받았다. 당신 잘못이라며 계속 미안해하는 엄마에게 나는 말했다. 괜찮아. 다시 쓰면 되니까. 뭐? 그걸 어떻게 다시 써?

그야 다 외우고 있었으니까. 반신반의하는 엄마 때문에 나는 '외계 소년 엘레프' 재판을 다시 쓰기 시작했다. 전부 외우고 있었으므로 앞에 원본을 놓고 베껴 쓰듯 술술 써내려갔다. 그런데 재미가 없었다. 범인을 알고 읽는 추리소설처럼 갈수록 맥이 빠지고 속도가 더뎌졌다. 결국 얼마쯤 쓰다 말았다. 나중에 완성하면 되지, 하는 마음이었다.

그랬던 것이 굳이 완성해서 뭐하나, 하는 마음으로 변해갈 무렵이었다. 옆집 새댁이 엄마를 찾아왔다. 친한 동네 아주머니의 딸, 그러니까 「외계 소년 엘레프」를 학교에서 읽다가 담임선생에게 압수당했다는 나보다 한 살 어린 그애가 그것을 다시 읽고 싶어한다고 했다. 평소 독서에 관심 없던 애인데 그 이야기만은 무척 좋아하여 수 차례 읽었다고. 하여 선생에게 그것을 빼앗긴 후 크게 상심했다고. 그리고 그애는 지금 서울의 대학병원 중환자실에 입원해 있다고 새댁은 말했다.

그날 나는 다시 연필을 잡았다. 독자가 생겼기 때문이었다. 엄마도 옆집 새댁도 동네 아주머니도 읽었는지 안 읽었는지 아무 말 해주지 않은 내 글에 그애는 처음으로 소감을 표현해준 유일무이한 존재였다. 새댁에 따르면 그애는 엘레프가 죽는 결말이 너무 슬프다고 했다. 그리고 인광석이라는 게 어떻게 생겼는지 궁금하다고 했다.

결말을 해피엔딩으로 수정했다. 그리고 인광석을 꿈에 나올 정도로 자세히 생생하게 묘사하는 데 공책 한 장을 통째로 할애했다. 결과적으로 너무 뻔해 예측 가능하던 결말은 예측이 불가능할 만큼 작위적인 것이 되었고 묘사가 부족하여 실체가 잘 그려지지 않던 인광석은 지나치게 과한 묘사로 글의 전제 흐름과 어울리지 못하고 홀로 도드라지는 형국이 되었다. 그럼에도 그것을 쓰는 동안 나는 배고프거나 졸리거나 오빠가 옆에서 못살게 굴어도 아무렇지 않은 놀라운 경험을 다시금 할 수 있었다.

 그리고 무엇보다 그애에게 고맙다는 말을 전해 들었다. 사실 고맙다는 말보다 바뀐 결말이 마음에 드는지, 인광석이 어떻게 생겼는지에 대한 갈증이 조금은 풀렸는지, 그런 이야기를 더 듣고 싶었지만 차마 물어보지 못했다. 직접 만나서 물어보리라 마음먹었을 때는 너무 늦었다. 늦었어도 그애의 교실로 찾아갔다. 빈 책상에 흰 국화꽃들이 놓여 있었다. 나는 그애와 만난 적도 없고 말 한마디 나누어보지 못했지만 우리가 아주 친밀한 사이라고 생각했다. 우리 둘만 아는 이야기로 연결되어 있었으니까.

 그렇게 나는 「외계 소년 엘레프」를 두 번 완성했다. 첫번째 원고도 두번째 원고도 남아 있지 않다. 그러나 그 글은 내가 갖고 있는 어떤 원고보다도 귀하고 특별하다. 그로부터 십수 년 후 어쩌다 운 좋게 등단하여 작가가 되었지만, 오래전 그때의 내가 오히려 더 작가 같았다는 생각이 든다. 글이 술술 잘 써질 때의 기쁨과 독자의 반응을 기다릴 때의 긴장과 퇴고가 잘 안 될 때의 좌절, 그러한 것들이 무엇인지도 모르면서 이미 겪어버렸던 내가.

그러니 내게 문학이란 무엇인가.

아직도 자신이 없지만 그래도 꼭 대답을 해야 한다면 이것은 어떨까. 오래전 누군가를 위해, 그 누군가에게 더 가까이 다가가기 위해 「외계 소년 엘레프」를 고쳐 쓰던 마음 같은 것. 그 마음을 잊지 않기 위해 '엘레프' 세 글자를 휘갈겨 쓰는 것으로 내 서명을 만든 그 치기 어린 날의 각오 같은 것이라고 말이다.

2

0

2

0

아이 재우는 법

좀처럼 자려 하지 않는 아이를 재우기 위해 할 수 있는 방법은 다 해보았다. 몸을 많이 움직이게 하고 따뜻한 물로 목욕시키고 수면등을 켜고 자장가를 틀고 그림책도 읽어주었다. 별 효과가 없었다. 오히려 책은 읽을수록 아이를 각성시켜 계속 읽어달라 조르게 하는 역효과를 냈다. 시행착오 끝에 내가 궁리해낸 것은 이야기 들려주기였다. 밑천 걱정은 하지 않았다. 우리 전래동화부터 이솝우화, 그림 형제며 안데르센까지 널리 알려진 재미난 이야기들이 얼마나 많은가.

문제는 나의 구멍난 기억력이었다. 콩쥐가 복받고 팥쥐가 벌받는다는 결말은 아는데 둘 사이에 구체적으로 어떤 사건들이 있었는지는 모르고, 잠들어 있는 백설공주를 왕자가 깨운 것은 아는데 그러면 잠자는 숲속의 공주 이야기는 또 뭔가 하고 헷갈렸다. 되는 대로 아무렇게나 꿰맞춘 이야기는 번번이 산으로 갔다. 이를테면 헨젤과 그레텔이 마녀로부터 탈출하여 집에 돌아오니 마당에 그토록 찾아다닌 파랑새가 있더라는 식이었다.

그러나 아이는 내 이야기가 '전래'인지 '창작'인지 혹은 '짬뽕'인지, 개연성이 있는지, 독창적인지 따위는 개의치 않았다. 중요한 것은 이야기 자체였다. 호랑이가 언제 나타나는지, 악당이 어떻게 골탕먹는지, 보물은 어디에 있으며 그래서 마지막에 모두 결국 행복해지는지, 그런 것들이 중요했다.

그래서 나는 이야기를 지어내기로 했다. 몰입도를 높이기 위해 아이는 물론이고 아이 친구들을 등장인물로 활용했다. 그리고 이야기가 한 고비 넘을 즈음 물었다.

"더 듣고 싶어?"

아이가 고개를 끄덕이자 진지한 얼굴로 말했다.

"그럼 이제 자야 해. 다음 이야기는 내일 들려줄 거거든. 빨리 자야 내일이 빨리 오겠지?"

아이는 듣고 보니 맞는 말이라는 듯 눈을 질끈 감았다. 실로 놀라운 이야기 효과였다.

하여 그날 이후 나는 매일 밤 밑도 끝도 없는 이야기를 이어가게 되었다. 상황이 이러하니 셰에라자드를 떠올린 것도 당연하지 않겠는가. 밤마다 새로운 처녀와 동침한 후 다음날 그녀를 죽이는 페르시아 왕 샤흐리아르. 그런 식으로 죽지 않기 위해 그에게 이야기를 들려주고는 다음날 그 이야기를 이어서 하겠다는 셰에라자드. 왕은 이야기를 계속 듣고 싶어 다음날 그녀를 죽이지 않고, 이야기는 다음날에도 그다음날에도 이어지고, 결국 왕은 그녀를 영영 죽이지 못한다는 그 오래된 구원의 서사 말이다.

아이는 아직 '오늘'을 모른다. '어제'도 모른다. 그러나 '내일'은 안다. 자고 일어나면 다시 이야기가 시작되는 시간이라는 것. 그렇게 이야기는 오늘과 내일을 이어준다. 미래를 기다리게 해준다. 아이를 잠들게 하고 쑥쑥 자라게 한다.

그렇게 지금 이곳에서도 이야기는 우리를 구원한다.

오십일번째 아이디어

 흔히들 작가는 상상력이 남다를 것이라 믿는다. 마음만 먹으면 서랍에서 물건 꺼내듯 쉽게 이야기를 지어내리라 생각하기도 한다. 아주 틀린 짐작은 아니다. 실제로 많은 작가가 뛰어난 상상력과 창의력으로 하늘 아래 없던 이야기를 만들어내니 말이다. 다만 모든 작가가 그렇지는 않은 법. 경직된 사고와 빈곤한 상상력으로 괴로워하는 작가들도 있게 마련이다.
 나도 그중 한 명이다. 아니, 그중 한 명 정도가 아니라 상상력 부족하기로 따지면 장안에서 제일가는 작가일 것이다. 그래서 글을 쓸 때마다 내 이야기는 왜 이리 식상한가, 어떻게 하면 조금이라도 새로운 내용을 조금이라도 새로운 형식으로 쓸 수 있을까, 고민하며 결국 그 고민이 대부분 무위로 끝난다는 사실에 번번이 낙담한다.

언젠가 시 쓰는 후배에게 조언을 구한 적이 있다. 그는 돌아가신 할머니가 입던 분홍색 외투를 태우면서 흐느끼는 소리를 듣고, 자취방 밥솥의 보온 불빛에서 날개 다친 반딧불이를 보기도 하는 그런 탁월한 상상력과 감수성을 가진 시인이었다. 어떻게 하면 뻔하지 않은 이야기, 새롭고 독창적인 이야기, 나만의 고유한 이야깃거리를 찾을 수 있을까 묻자 그는 목소리를 낮추어 자신의 비기秘技를 알려주겠노라 했다.

일단 종이 한 장을 앞에 놓고 쓰고자 하는 대상을 떠올려봐. 예컨대 어머니에 대해 쓴다고 쳐. 어머니, 하면 가장 먼저 뭐가 떠올라? 갖은 고생으로 굳은살이 박인 어머니 손? 내가 아플 때 차라리 당신이 대신 아프고 싶다며 속상해하시던 모습? 내가 내뱉은 모진 말에 상처받고 우시던 모습? 좋은 건 전부 자식 주고 당신은 늘 뒷전이던 기억들? 뭐든 떠오르는 대로 다 종이에 써. 일 번부터 오십 번까지.

다 썼어? 그러면 버려. 오십 번까지 전부 다. 그리고 오십일 번부터 다시 써. 거기서부터 뻔하지 않은 이야기, 독창적인 이야기, 남들은 모르는 나만의 이야기가 시작되는 거야. 오십 번 정도까지는 사실 누구나 비슷한 것을 떠올리거든.

그날 저녁 당장 그의 비기를 실행해보았다. 오십 번은커녕 삼십 번 채우기도 힘들었다. 기껏 채운 것을 버리기는 더 힘들었다. 그러나 다 버려도 남은 것이 0은 아니라는 사실에 위로를 받았다. 그의 시를 더욱 돋보이게 하던 참신한 비유, 기발한 시선, 낯선 사유, 그것들이 모두 오십일번째 아이디어에서 나왔구나 하는 깨달음이 거기 있었다.

어쩌면 빛나는 상상력도 번개 치듯 한순간 홀연히 생겨나는 것이 아니라 벽돌 쌓듯 하나씩 하나씩 꾸준히 올리는 것이 아닐까. 그러므로 어쩌면 재능보다 노동에 더 가까울 수도 있지 않을까, 나는 생각했다.

눈치가 없다는 이유로

초등학생 때 나는 육상부였다. 십여 명의 육상부원들은 매일 본격 훈련에 앞서 준비 운동으로 사 킬로미터 정도를 달려야 했다. 단거리는 각종 대회에서 입상할 만큼 곧잘 뛰었어도 장거리는 지구력이 부족해 체력장 오래달리기도 버거워하는 내게 그것은 엄청난 고역이었다.

그래도 매일 달렸다. 매일 꼴찌 혹은 꼴찌에서 2~3등을 했다. 나와 사이좋게 돌아가며 꼴찌를 하는 부원이 모두 네 명 있었는데 우리는 일종의 동지애를 안고 앞서거니 뒤서거니 함께 뛰었다.

어느 날 달리기가 끝난 직후였다. 코치 선생님이 우리 넷을 불러내 '엎드려뻗쳐'를 시켰다. 운동장 흙바닥에 주먹 쥔 손을 대고 팔과 다리로 간신히 체중을 지탱하고 있는 우리에게 코치는 늘 꼴찌만 하는 너희 정신 상태를 개조하겠다며 으름장을 놓았다. 일장 훈계 끝에 그가 단호히 명령했다. 내일부터 앞에서 3등 안에 들 수 있는 놈들만 일어나! 나는 속으로 고개를 갸웃거렸다. 말도 안 돼. 그게 어떻게 가능해?

그때였다. 내 옆의 부원이 일어났다. 나는 의아했다. 쟤 왜 일어나지? 그런데 그애 옆의 부원, 그리고 그 옆의 다른 부원마저 차례로 몸을 일으켰다. 결과적으로 나만 그대로 엎드려뻗쳐를 하고 있었다. 계속 어리둥절한 채 나는 생각했다. 쟤들 어쩌려고 저러지? 절대 3등 안에 못 들 텐데? 그건 노력으로 되는 게 아닌데?

이윽고 코치 선생님이 내게 일어나라고 했다. 어린 것이 벌써부터 어른에게 반항한다는 꾸지람과 함께 내가 그 말뜻을 헤아리기도 전에 그의 손바닥이 뺨으로 날아왔다. 곧이어 그의 발이 내 옆구리를 가격했다. 나는 변명 한마디 못하고 한참을 구타당했다. 아팠다. 그러나 아픈 것보다도 내가 왜 맞아야 하는지 모르겠다는 당혹감이 더 견디기 힘들었다. 그때 나는 열두 살이었다.

시간이 흐른 후에 깨달았다. 내가 너무 눈치가 없었음을. 선생님의 의중을 나만 파악하지 못했음을. 늘 꼴찌 하던 부원들이 하루아침에 갑자기 선두에서 뛸 수는 없다는 것을 선생이 어찌 몰랐겠는가. 단지 그는 아이들에게 내일부터 이른바 '정신일도하사불성精神一到何事不成'의 각오로 뛰라는 뜻을 돌려 표현했을 뿐이다. 그것을 내가 고지식하게 문자 그대로 해석한 탓에 그 사달이 난 것이다. 그렇게 나는 열두 살 때 몰랐던 것을 뒤늦게 이해했다.

그러나 이해한다고 용서되는 것은 아니다. 용서된다고 잊히는 것은 더더욱 아니다. 그래서 지금도 가끔 그때를 떠올린다. 떠올릴 때마다 여전히 아프다. 여전히 억울하다. 그 시절 학교에서 그 정도 폭력은 흔했고 특히 운동부 선생의 체벌은 거의 필수불가결한 것으로 여겨지는 분위기였다 해도, 목적이 순전히 훈육이었다 해도, 혹은 다른 어떤 이유로도 그 폭력은 정당화될 수 없다. 눈치가 없다는 이유로, 선생의 의중을 바로 파악할 만큼 영리하지 못했다는 이유로, 혹은 다른 어떤 이유로도 건장한 성인 남성에게 두들겨 맞아 마땅한 열두 살은 없다. 없어야 한다.

정답을 찾아서

 우편함을 열었다. 며칠 전 후배 시인이 보냈다는 시집이 예상대로 도착해 있었다. 그런데 뭔가 이상했다. 봉투 겉면에 웬 작고 기다란 상자가 부착되어 있었던 것이다. 눈에 띄는 푸른색 종이로 포장한 후 황금빛 리본까지 달아놓은 그것은 누가 봐도 선물이었다. 상자 겉에 올해 여섯 살 된 딸아이의 이름이 적힌 것을 보자 머릿속이 분주해졌다. 누가 보냈을까. 봉투 안의 시집은 물론 시인이 보낸 것이다. 하지만 그는 아이 이름을 모른다. 게다가 그가 선물을 보낸다면 애초에 시집과 함께 봉투 안에 넣지 왜 봉투 겉에 부착했겠는가.

 아이는 포장을 뜯자마자 제자리에서 콩콩 뛰며 소리를 질렀다. 안에 든 것은 아이가 세상에서 가장 좋아하는 포도맛 캐러

멜이었다. 옳거니. 문득 출판사에 생각이 미쳤다. 그 시집을 출간한 출판사의 편집자 중에 내 친구가 있었던 것이다. 그에게 메시지를 보냈다. 답장이 바로 왔다.

'나 그거 안 보냈는데? 시인이 보냈겠지.'

나는 아니라고, 시인이 아이 이름을 모른다고 했다. 그러자 친구는 주변 사람들에게 들어서 알 수도 있을 거라 했다. 하긴 그럴 수도 있었다. 어차피 출판사거나 시인이거나 둘 중 하나인데 출판사가 아니라면 정답은 시인이었다. 이번에는 시인에게 메시지를 보냈다. 바로 답장이 왔다.

'저 그거 안 보냈는데요? 출판사에서 보냈겠지요.'

심히 혼란스러워졌다. 그럼 대체 누구란 말인가.

정답은 이튿날 아침에 밝혀졌다. 아이를 유치원에 데려다주고 돌아서다가 집배원 아저씨와 마주쳤다. 우리집에도 늘 우편물을 배달하러 오는 그 낯익은 얼굴을 본 순간 아, 탄식이 나왔다. 다짜고짜 그에게 다가갔다.

"그 캐러멜, 아저씨가 보내주신 거 맞지요?"

그는 멋쩍게 웃었다. 우리 가족 모두 그를 좋아했다. 그는 평소 오가는 길에 아이들을 만나면 친구처럼 반갑게 인사해주고 자신의 간식을 모조리 나눠주는 사람이었다. 딸아이도 몇 번

과자며 젤리를 얻어먹었다. 그래서 제딴에는 보답이랍시고 며칠 전 유치원 가는 길에 마주치자 마침 손에 쥐고 있던 제 캐러멜 한 개를 그에게 주었다. 집배원 아저씨는 그것을 기억하고 있었다.

"아이에게 캐러멜 한 개는, 어른들에게야 정말 별거 아니지만, 그 나이 애들에게는 쉽게 포기할 수 없는 너무나 소중한 거잖아요. 그렇게 소중한 것을 제가 받았으니 저도 뭔가를 주고 싶었어요."

그가 정답이었다. 그의 말이, 그의 마음이 정답이었다.

학생, 안 추워요?

 누구나 살면서 한 번쯤은 죽고 싶다는 생각을 해본 적이 있을 것이다. 그러나 대부분 그런 생각은 그저 생각으로 그치고 우리는 다시 어떻게든 살아간다. 막상 죽으려고 하니 억울해서, 무서워서, 혹은 죽는 게 생각만큼 쉽지 않아서 등, 그 이유에는 여러 가지가 있을 것이다. 죽음으로 향하는 발길을 삶으로 돌려준 그 이유들을 가끔 생각해본다. 그때마다 오래전 친구가 겪었다는 일화가 떠오른다.
 이십대의 한때 친구는 더이상 살고 싶지 않았다. 그래서 새벽에 한강으로 갔다. 봄이지만 새벽 기온은 아직 영하일 때였다. 그는 신발을 벗고 양말을 벗었다. 천천히 강물 속으로 걸어 들어갔다. 물이 허벅지까지 차올랐고 이렇게 죽는구나 생각했다. 그때였다. 뒤에서 누군가 큰소리로 그를 불렀다. 학생! 학생! 돌아보니 트럭에 탄 남자가 차창 밖으로 머리를 내밀고 있었다. 동호대교가 어디예요?

어이가 없었다. 지금 죽는 마당에 동호대교까지 가르쳐줘야 하나 싶었다. 하지만 그는 팔을 들어 멀리 보이는 다리를 가리켰다. 남자가 다시 물었다. 저기 가려면 어떻게 가요? 친구는 강물 속에 선 채로 이리저리 손짓을 해가며 길을 알려주었다. 남자가 소리쳤다. 뭐요? 너무 멀어서 안 들려요! 그는 짜증이 났다. 그러나 남자는 끈질기고 집요했다. 할 수 없이 그는 강물에서 걸어나왔다. 남자의 트럭으로 다가갔다.

"근데 학생, 안 추워요?"

남자의 말을 듣고서야 그는 온몸이 추위로 덜덜 떨리고 있음을 깨달았다.

그날 두 사람은 술을 마셨다. 그는 아무에게도 하지 못했던 제 이야기를 남자에게 털어놓았다. 그런 다음 강물 대신 집으로 들어갔다.

물론 남에게 털어놓는다고 달라지는 것은 없다. 괴로운 일은 괴로운 일대로 슬픈 일은 슬픈 일대로 여전히 남아 있을 것이다. 그러나 털어놓는 순간 괴로움은 가벼워진다. 들어주는 이가 있을 때 슬픔은 조금씩 휘발된다. 남에게 고민을 토로해본 사람은 안다. 그 과정 자체가 이미 위로요, 치유라는 사실을.

누구나 할말이 너무 많은 세상, 들어야 할 말만 듣기에도 너무 바쁜 세상에서 작정하고 남 이야기를 들어주기란 쉽지 않다. 그러나 그 잠깐의 귀기울임이 사람을 살린다. 내가 당신 이야기를 듣고 있다는 것, 당신 슬픔에 공감한다는 것, 그러므로 당신은 혼자가 아니라는 것, 그 짧은 메시지가 사람을 차가운 강물 밖으로 걸어나오게 한다.

영원히 스물세 살

친정 엄마의 전화를 받았다. 집안 대청소를 하다가 내가 학창 시절에 받은 편지 한 통을 발견하셨단다. 몰라. 기억 안 나는데? 무슨 내용이야?

강원도 인제 군부대에서 출발하여 춘천의 여자중학교 교실에 도착한 그것은 무려 삼십 년 가까운 세월 동안 내 기억 밖에 있었던 셈이다. 엄마가 편지를 읽어주셨다. 안녕하세요? 작년에도 편지를 보냈으니 이것이 두번째 편지네요……

중학교 2학년 때였다. 백일장에서 상을 받은 글이 신문에 실렸다. 그것을 군 복무중이던 그가 우연히 읽고 편지를 보내왔다. 내 글에 대한 감상과 어른이 청소년에게 해줄 법한 격려가 담긴 편지였다. 내용을 떠나 나는 감동했다. 초등학생 때부터 학교 연례행사로 군부대에 위문편지를 숱하게 보냈지만 한 번도 답장을 받은 적이 없어 막연히 군인 아저씨들이란 우리 조무래기들이 감히 바라볼 수도 없는 높디높은 분들이라 생각했는데, 그런 분이 내게 친히 편지를 보내온 까닭이었다.

그러나 엄마는 답장을 쓰지 말라고 하셨다. 나는 엄마 말씀을 따랐다. 그리고 3학년이 되어 또 백일장에 나갔다. 운 좋게 또 상을 받았고 그 글이 신문에 실렸고 그것을 읽은 그가 또 편지를 보내왔다. 나는 더욱 감동했고 한편으로 그에게 죄송한 마음이 들었다. 답장도 안 보냈는데 또 편지를 보내오지 않았는가. 이번에는 답장을 쓰고 싶었다. 그런데 엄마가 재차 반대하셨다. 사춘기 여중생이 군인과 편지를 주고받다가 혹 연애 감정이라도 갖게 되면 어쩌나 싶으셨던 것이다.

약 삼십 년 만에 다시 그 편지를 손에 쥐고 나는 상상했다. 끝내 답장을 받지 못한 그의 마음, 답장을 쓰지 못하게 한 엄마의 마음, 순순히 엄마 말씀을 따랐던 나의 마음 같은 것들을. 그러나 막상 편지를 펼치자 뜻밖의 감정에 사로잡혔다. 그때 나는 열여섯 살. 그는 스물세 살이었다. 지금 나는 사십대 중반. 일찍 결혼했으면 슬하에 군인 아저씨를 둘 수도 있는 나이가 되었다. 그러나 나만 그랬다. 편지 속 그는 지금도 스물세 살이었다. 신문에 실린 여중생의 글을 읽고 미소 짓는 청년 그대로인데 나 혼자 나이 먹어 어느새 중년이 되었다. 그것이 나를 놀라게 했다. 그는 영원히 스물세 살이리라는 것, 그래서 실은 오십대가 되어 있을 그의 현재를 나는 결코 상상할 수 없다는 것.

  그것이 문자의 힘일 것이다. 말은 지나가고 흩어지고 사라지지만 글은 남는다. 남아서 늙지 않고 병들지 않고 죽지도 않는다. 그래서 글을 쓴다는 것이 그토록 어려운 일이고 무서운 일이며 글 쓰는 자는 마땅히 그 점을 늘 마음에 새겨야 할 터다.

작가들의 천국

 문예지에서 어느 극작가가 생계를 유지하는 일에 대해 쓴 에세이를 읽었다. 그는 무슨 일이든 죽도록 열심히 하면 밥은 굶지 않고 살 줄 알았다고 한다. 문학을 죽도록 열심히 했단다. 그런데 밥 먹듯이 밥을 굶었다. 이틀을 내리 굶고 지인에게 만 원을 빌려 그 돈으로 배불리 먹은 다음 죽어버리려 했다고 그는 썼다. 원래 극작가가 되기 전에는 건설현장 막일로 먹고 살았단다. 마침내 등단했을 때 이제는 막일이 아니라 문학을 하며 살 수 있겠다고 기뻐했단다. 하지만 문학만 했더니 툭하면 밥을 굶게 되어 결국 건설현장으로 돌아갔다. 지금도 그는 막일을 한다. 굶지 않고 문학을 하기 위해서.

 문득 외만 산촌에 혼자 사는 어느 소설가가 떠올랐다. 그는 봄이면 산을 헤집고 다니며 나물을 캔다. 두릅은 내다 팔면 한 바구니에 삼만 원이나 받는단다. 그러나 읍내 장터까지 왕복 차비에, 나물 팔고 나서 사 먹는 점심 값에, 이것저것 장도 보면 남는 돈이 없단다. 그래도 그게 어디냐고 그는 말한다. 몇 시간만 발품 팔면 밥도 먹고 장도 보잖아. 소설 백날 써봐라, 나오는 게 있나. 그러면서도 그는 묵묵히 꾸준히 소설을 쓴다. 산나물을 캐고 팔면서.

나는 그 극작가의 작품을 안다. 공연도 여러 편 보았다. 산촌 소설가의 작품도 물론 안다. 그의 책은 거의 다 소장하고 있다. 그들의 작품이 어떠한지에 대해서는 여기서 말할 계제가 아닐 것이다. 다만 나는 생각한다. 어찌하여 그들을 비롯한 이 땅의 많은 작가가 자신들의 노동에 정당한 임금을 받지 못하는가를. 아니, 어찌하여 작가의 창작 활동이 어엿한 노동으로 인정받지 못하는가를. 작년에 아이를 유치원에 입학시키면서 맞벌이 부부의 자녀를 위해 개설된 종일반을 신청했을 때 담당자가 내게 한 말을 기억한다. 맞벌이에 해당이 안 되네요. 작가는 직업이 아니니까요.

상상해본다. 화폐 대신 원고가 통용되는 세상을. 그곳에서는 작가가 자신의 작품으로 물건 값을 치른다. 이를테면 된장찌개는 시 한 편, 운동화는 희곡 한 편, 최신 휴대폰은 에세이 한 편을 내고 사는 식이다. 차비도 공과금도 은행 대출금도 원고로 지불한다. 상인에게 거슬러 받은 돈이 누군가의 짧은 동화 한 편일 수도 있고 은행에 정기예금으로 대하소설을 통째 맡길 수도 있는 것이다.

그런 세상이라면 작가들에게는 그야말로 천국이 따로 없겠지 싶다. 그런데 어인 까닭인지 천국을 상상하고 있는데도 기분이 영 쓸쓸하다.

우리가 다 같이 나온 사진

 원고를 쓰느라 동네 카페에 혼자 앉아 있는데 갑자기 창가 쪽이 소란스러웠다. 돌아보니 젊은 남자가 교복 차림의 학생들과 옥신각신하고 있었다. 초상권 어쩌고 하는 소리가 들려왔다. 학생들이 카페 내부 이곳저곳을 휴대폰 카메라로 찍었는데, 그 와중에 자신도 찍혔다고 판단한 남자가 사진을 보여달라고 요구했고, 학생들이 그것을 거부하는 상황이었다.

 초상권은 마땅히 지켜져야 한다, 나도 원치 않는 사진에 찍히는 건 싫다, 생각하는데 문득 오래전 친구와의 일화가 떠올랐다.

 그는 고아로 자랐다. 이십대 후반에 신춘문예를 통해 시인으로 등단했다. 시상식 날 그는 없는 가족 대신 친구들을 불렀다.

시상식장은 시끌벅적하고 화기애애했다. 사람들은 끊임없이 웃고 떠들고 사진을 찍었다. 일주일 후, 그가 시상식에 와준 이들에게 한턱 내겠다고 해서 그의 자취방으로 갔다. 다섯 명이 앉으면 꽉 차는 좁은 방 한복판에 배보다 큰 배꼽처럼 황당하리만치 커다란 액자가 놓여 있었다. 시상식 사진이었다. 꽃다발을 안은 그를 둘러싸고 박수치는 사람들 속에 나도 있었다. 언제 이렇게 사진을 인화하고 액자까지 준비했느냐 묻자 그가 손사래를 치며 입을 열었다.

전날 저녁 낯선 번호로 걸려온 전화가 그를 불러냈단다. 집 근처 시장통으로 나갔더니 베레모를 쓴 웬 중년 사내가 길바닥에 이젤 네 개를 늘어놓고 서 있었다. 이젤에 놓인 것은 언제 찍혔는지도 모를 그의 신춘문에 시상식 사진들. 행인들이 전시회 관람하듯 사진을 흘깃거리며 지나갔다. 사진 한 장에 십만 원! 전화로 그를 불러낸 베레모 사내가 콩나물 한 단에 천 원! 하듯이 외쳤다. 시상식장의 정신없는 분위기를 틈타 수상자 동의 없이 사진을 찍은 후 나중에 수상자에게 강매하는, 이른바 시상식 전문 사진꾼이었다. 그 작태도 불쾌하거니와 사진 값도 터무니없었다. 십만 원이면 한 달 방세인데.

그는 화를 내며 돌아섰다. 그러나 서너 걸음 걷다 멈추었다.

사진 속 얼굴들이 눈에 밟혔다. 자신이 그 추운 시장통 길바닥에 그들을, 가족이나 다름없는 친구들을 버리고 가는 것 같았다. 결국 되돌아섰다. 고심 끝에 한 장 고른 것이 바로 이 사진이라고 그는 말했다.

사기꾼이네. 그러게. 십만 원이라니 완전 바가지네. 다들 한마디씩 했다. 이럴 게 아니라 초상권 침해로 신고해야 돼. 지금이라도 할까. 그가 다시 고개를 저었다. 아니야. 그래도 그 사람 덕에 우리가 다 같이 나온 사진을 갖게 됐잖아. 이렇게 큰 사진이 집에 있으니 혼자 있어도 혼자가 아닌 것 같고 좋더라.

우리는 더이상 아무 말도 하지 않았다.

아홉 개의 죽산 너머에

　세상에서 가장 큰 수를 백으로 알고 있던 딸아이가 어디서 들었는지 백보다 큰 수도 있느냐고 물었다.
　"응. 백도 아주 큰 수지만 그보다 천이 더 커."
　내 대답에 아이가 다시 물었다.
　"그럼 천이 제일 커요?"
　"아니, 만이 더 커."
　"그럼 만이 제일 커요?"
　"아니, 억이 더 커."
　이러다간 조, 경, 해, 자, 그렇게 갠지스 강 모래알 수까지 갈 것 같아서 나는 다 건너뛰고 대뜸 무한대라는 단어를 알려주었다.

"무한대는 너무 커서 끝이 없어. 셀 수도 없어. 무한대보다 큰 건 없어."

아이는 심각한 표정으로 무한대, 무한대, 중얼거렸다. 그러더니 나를 똑바로 올려다보며 말했다.

"엄마, 무한대 사탕 먹고 싶어요."

기가 찼다. 그까짓 사탕이 뭐 그리 좋다고 당치않게 무한대 뒤에 가져다 붙인단 말인가. 하지만 아이는 진지했다. 무한대 사탕을 먹어보는 게 꿈이란다. 무한대 사탕이 있는 나라에 가서 살고 싶단다. 대꾸할 말이 없어 웃기만 하는데 불현듯 어린 시절에 읽었던 동화가 떠올랐다.

머나먼 곳 아무도 모르는 깊은 골짜기에 어린이라면 누구나 가고 싶어하는 꿈의 나라가 있다. 하늘에는 솜사탕이 떠 있고, 강에는 꿀물이 흐르고, 땅에는 아이스크림 꽃이 피고 사탕 나무가 자라는 곳. 집집마다 지붕은 젤리고 벽은 과자고 문은 초콜릿이다. 그 나라에는 학교가 없다. 시험도 숙제도 없다. 어린이들이 할 일은 그저 뛰어노는 것이다. 놀다가 배고프면 사방에 널린 과자와 사탕과 초콜릿을 먹으면 된다 문제는 그 나라를 찾아가는 방법이다. 그곳은 높고 험준한 아홉 개의 산으로 둘러싸여 있다. 그 산은 괴물의 뿔과 발톱, 뱀의 혀와 쥐의 꼬리, 바퀴벌레와 지네와 송충이 등 온갖 벌레를 갈아 만든 죽으로 쌓아올려졌다. 그 끔찍한 아홉 개의 죽산을 다 먹어치우기 전에는 아무도 그 나라에 들어갈 수 없다.

책장을 덮었을 때 나는 얼마나 심란했던가. 어린 마음에도 그곳에 가는 것이 현실적으로 불가능하다는, 그러므로 꿈의 나라 같은 것은 사실상 존재하지 않는다는 결론을 내리고 얼마나 절망했던가. 어쩌면 나의 일부는 그때 이미 어른이 되었는지도 모른다.

딸아이도 언젠가는 그렇게 될 것이다. 그러면서 어느 순간 어른이 될 것이다. 그때 아이가 느낄 허무와 비애를 생각하니 벌써부터 마음이 짠했다. 아직은 아홉 개의 죽산을 모르는 나이. 아이에게 무한대까지는 아니어도 충분히 자주 사탕을 즐기게 해주리라 마음먹었다.

하고 싶었던 일을 한다는 것

친구가 공모전에서 입상했단다. 오랫동안 꿈꾸어온 일을 마침내 본격적으로 시작하게 되었다는 사실이 한없이 기쁜 한편 얼떨떨하기도 하다고 그는 말했다. 그러면서 불쑥 물었다. 너는 어땠느냐고. 정말 하고 싶었던 일을 드디어 직업으로 삼게 되었을 때의 기분을 아직 기억하느냐고.

그의 말에 새삼 돌아보니 나는 실제로 어린 시절부터 하고 싶었던 일을 하고 있었다. 그러니까 소설 쓰는 일을 운 좋게도 십육 년 넘게 해오고 있었다.

등단 소식을 듣던 날을 지금도 기억한다. 2003년 12월 22일. 안산시 월피동 자취방에서 나는 추위에 곱은 손으로 노트북 자판을 두드리고 있었다. 아르바이트로 영문 텍스트를 번역하는 중이었다. 글에 hero와 heroine 두 단어가 유난히 자주 나오는구나 생각하는데 낯선 번호로 전화가 왔다. 상대는 자신을 세계일보 문화부 기자라고 밝혔다. 나는 놀라지 않았다. 뭔가를 기대하거나 예측하기에는 너무 무지했던 탓이다. 신춘문예 투고자가 자신의 당선 여부를 알게 되는 시점이 새해 1월 1일 신문에 게재된 당선작을 보는 순간이라고 알고 있었을 정도니 더 말해 무엇 하겠는가.

기자는 내 반응이 너무 심드렁해서 의아했는지 자신이 전화한 이유를 모르겠느냐고 물었다. 잠시 고민한 후 대답했다. 제 원고가 잘 접수되었다고 확인 전화 주신 거지요? 기자는 어느 한가한 신춘문예 담당 기자가 그 많은 응모자에게 일일이 접수 확인 전화를 하겠느냐며 실소했다. 그런 다음 한 톤 높인 목소리로 덧붙였다. 당선 축하드립니다!

나는 그의 말을 바로 알아듣고도 정말이냐고, 당선 맞느냐고, 뭔가 착각하신 것 아니냐고 몇 번이나 되물었다. 소설 수업 시간에 칭찬 한번 받은 적 없는 내가, 심지어 신춘문예 첫 도전에서 덜커덕 당선되리라고는 상상도 하지 못했기 때문이다. 전화를 끊고 노트북 화면을 멍하니 들여다보았다. 내가 영웅이고 주인공이 된 것 같던 그 오후. 그동안 영 헛된 꿈을 꾼 것은 아님을, 내게도 가능성이 있음을, 앞으로 계속 같은 꿈을 꾸어도 된다는 격려를 받은 그때 그 순간을 어찌 잊으랴.

그러나 그때를 잊지 못하는 것과 별개로 나는 얼마나 나태해지고 방만해졌는가. 하고 싶었던 일을 운 좋게 하고 있다는 사실을 얼마나 오래 잊고 살았는가. 부디 친구가 나 같지 않기를, 절대 나 같지는 않으리라 믿으며 나는 다시금 그의 수상을 축하해주었다.

꾀병 모녀

유치원 등원 시간이 임박한 아침, 딸아이가 갑자기 배가 아프다고 했다. 화장실에 가고 싶은지 묻자 아니란다. 그런데 배가 아파서 걸을 수 없다고 했다. 유치원 가기 싫어서 꾀를 부리나 싶었지만 그런 의구심을 눈치채기라도 한 듯 아이는 울상을 지으며 배꼽 부분이 콕콕 찌르는 것처럼 아프다고 꽤 구체적으로 말했다.

결국 등원은 포기했다. 아이 체온이 정상이어서 일단 따뜻한 물을 마시게 하고 배를 살살 쓸어주었다. 아직도 많이 아파? 응. 나는 시간 간격을 두고 계속 물었다. 지금은 어때? 조금 아파. 그럼 지금은? 안 아파. 그러더니 아이는 애니메이션을 틀어달라고 했다. 순간 말문이 막힌 내가 안 된다고 했더니 다시 배가 아프다고 했다. 어쩌나 보자 싶어 동영상을 틀어주자 아이는 세상 환하게 웃었다. 원하는 것을 얻는 순간 사라지는 그 신비의 복통은 그러니까 꾀병이었다.

나는 어렸을 때 소아과는커녕 변변한 의원도 없는 시골에 살았다. 엄마는 우리 남매가 아프면 시외버스를 타고 이웃 도시의 큰 병원까지 데리고 가셨다. 그 병원의 매점에서 어느 날 나는 운명적으로 세상에서 가장 맛있고 아름답고 진귀한 음식을 접했는데, 그것은 큼직한 프랑크소시지가 든 빵이었다. 세상에 그런 식감의 소시지는 처음이었다. 그런 빵도 처음이었다.

집에 돌아온 후에도 계속 그 빵 생각이 났다. 평소 먹을 것에 대한 욕심이 없고 딱히 잘 먹는 음식도 없던 내게 그것은 실로 엄청난 사건이었다. 할 수 없이 나는 꾀병쟁이가 되었다. 없는 통증을 수시로 만들어내 학교를 조퇴하고 엄마와 함께 시외버스를 타는 수고를 감수하며 이웃 도시의 병원까지 갔다. 고작 빵 하나 먹으려고 그런 비생산적이고 퇴행적인 소동을 벌인 나의 철없음도 어처구니없지만 더 황당한 것은 의사가 아프지도 않은 내게 매번 그럴듯한 진단을 내려주고 약 처방까지 해주었다는 사실이다.

어린 마음에도 나는 그 약을 먹으면 안 된다고 판단했다. 약을 먹는 척하면서 몰래 버렸다. 그러다가 어느 날 들켜서 엄마에게 빗자루로 흠씬 두들겨 맞았다. 그러나 맞으면서도 사실은 아프지 않다고, 소시지 빵 때문에 꾀병을 부렸던 것이니 그 약을 먹을 필요가 없어서 버렸다는 말을 차마 할 수가 없었다.

  내가 엄마에게 당시 상황의 전말을 고백한 것은 그로부터 십여 년 세월이 흐른 대학생 때였다. 내 고백에 너무 기가 막힌 나머지 말을 잇지 못하시던 그때 엄마의 표정이 어쩌면 지금 아프지도 않은 배를 움켜쥐고 애니메이션을 시청하는 딸아이를 바라보는 내 얼굴에도 있지 않을까 싶다.

지나가지 않는 것도 있다

   어느 연예인이 학창 시절 학교 폭력 가해자로 지목되었다는 기사를 읽었다. 피해자가 SNS에 피해 사실을 밝히면서 논란이 시작되었는데, 그 연예인은 전혀 기억에 없는 일이라며 맞섰다. 그리고 그것이 사실이라면 왜 십몇 년 동안 가만히 있다가 이제야 말하는가, 불순한 의도가 있을 것이다, 그처럼 오래된 일을 그렇게 자세히 기억한다는 것 자체가 억지스럽다고 덧붙였다.

   그렇다. 인간은 망각의 동물이다. 잊는 줄도 모르고 잊고, 잊었다는 사실도 잊는다. 나이들면 방금 전 일도 잊는 경우가 부지기수인데 오래된 일이야 말해 무엇 하랴. 더구나 못 잊을 기억도 시간이 약이요, 모든 것은 지나간다는 강력한 명제 아래

영 맥을 못 추지 않던가. 몇 해 전의 그 일이 아니었다면 아마 계속 그렇게 믿었을지도 모른다.

어느 대학에서 문학 특강을 하던 날이었다. 무슨 이야기인가 끝에 오래전 강도를 만난 일화를 언급했다. 마르셀 프루스트와 잭 런던까지 끌어들이며 내가 하려던 문학 이야기에 강도 사건을 적절히 이용했다. 특강이 끝났다. 객석에서 한 남자가 다가오더니 신문사 로고가 인쇄된 명함을 건넸다. 취재하러 온 기자라면서 그는 오늘 특강에 대해 기사를 써도 되겠느냐고 물었고 나는 그러라고 했다.

집으로 돌아온 후부터였다. 일이 손에 잡히지 않았다. 밤이 깊었는데 잠도 오지 않았다. 나는 상상했다. 내 얼굴과 이름, 특강에서 했던 강도 이야기가 신문에 실린다, 그 신문을 우연히 그 강도가 본다, 나를 기억해낸다, 그리고 나를 찾아온다.

아, 눈앞이 캄캄했다. 물론 그런 일이 일어날 확률은 0에 가까웠다. 그래도 소용없었다. 확률이 완벽하게 0이라고 해도 마찬가지였을 것이다. 숨이 막혔다. 오한이 났다. 나는 결국 기자에게 전화했다. 사정을 들은 기자는 그 사건이 까마득한 옛날 일이기도 하고 내가 아무렇지도 않게 소설 줄거리처럼 객관화해서 말하기에 다 극복한 줄 알았다고 했다.

나도 그런 줄 알았다. 그게 아니라는 것을, 이십여 년 전 일인데도 내가 그때 그곳의 공기, 보도블록 무늬, 그의 얼굴형과 눈빛과 음색, 그가 입고 있던 티셔츠의 가슴팍에 새겨진 브랜드 로고까지 다 방금 일처럼 생생하게 기억하고 있다는 것을 그전에는 몰랐다. 어떤 기억은 잊히지 않음을, 어떤 상처는 세월이 흘러도 아물지 않음을, 지나가는 많은 일 중에 끝끝내 새겨지고 마는 것도 있음을 말이다.

요즘 아홉 살은

 동네 놀이터에서 그네를 타고 있는 딸아이에게 이제 그만 집에 가자고 재촉할 때였다. 남자아이 하나가 비어 있던 옆 그네로 다가오더니 딸아이에게 물었다. 너 몇 살이니? 딸아이가 여섯 살이라고 대답하자 남자아이는 캬, 감탄사를 내뱉었다. 부럽다. 너 때가 제일 좋을 때야. 나도 그때가 그립다.
 귀를 의심했다. 남자아이는 아무리 잘 봐주어도 열 살 정도로밖에 보이지 않았기 때문이다. 그래서 이번에는 내가 물었다. 너 몇 살이니? 아이는 초등학교 2학년, 아홉 살이라고 했다. 세상에. 아홉 살 코흘리개가 여섯 살 천둥벌거숭이 앞에서 옛날이 그립다며 반백년 넘게 산 어르신 같은 말씀을 늘어놓는 이 풍경을 어떻게 해석하면 좋을까. 쟤는 지금 자기가 무슨 말을 하고 있는지 알기는 알까 싶었다.

딸아이가 더 놀겠다며 집에 가기 싫다고 했다. 나는 평소대로 유치하게 응수했다. 싫으면 시집 가. 그러고 나서 눈을 돌리니 남자아이가 나를 빤히 쳐다보고 있었다. 아재 개그. 어미를 생략한 짤막한 대꾸에 민망한 와중에도 나는 물었다. 너 아재 개그도 알아? 남자아이가 고개를 끄덕였다. 그럼요. 제가 아재 퀴즈를 하나 낼 테니 맞혀보실래요? 세상에서 제일 지루한 중학교는?

나는 부지런히 머리를 굴렸다. 지루중? 아이는 대놓고 한숨을 쉬었다. 로딩중. 와아, 정말 그러네! 진짜 재미있다! 나는 박수까지 치며 웃었다. 남자아이는 그네를 백 시간 더 타고 집에 가겠다는 딸아이보다 아재 개그에 열렬히 호응하는 그 엄마가 더 걱정된다는 듯한 표정을 지었다. 그러더니 곧 딸아이에게 타이르듯 말했다. 니 이제 그만 집에 가. 엄마 말씀을 잘 들으면 자다가도 떡이 생기는 법이야.

나는 눈만 끔벅였다. 이 아이가 특별히 성숙한가, 아니면 요즘 아홉 살들이 다 그런가. 알 수 없었다. 다만 내가 아홉 살이었을 때는 솔직히 기억도 안 나지만 정말 아무것도 모르는 코흘리개였던 것 같은데, 싶을 뿐이었다. 그때 다른 남자아이가 우리 쪽으로 다가오더니 아이와 서로 알은체를 했다. 두 남자아이는 짧고 빠르게 무슨 이야기인가 주고받았다. 새로 온 남자아이가 나를 올려다보더니 말했다. 여섯 살짜리 키우기 힘드시죠? 그래도 지금이 제일 예쁠 때예요. 그런 다음 두 아이는 서로 마주 보고 자못 비장한 표정으로 고개를 끄덕였다.

정말이지 할말이 없었다. 그저 속으로 요즘 아홉 살은 다 그런가보다, 했다.

제목만 봐도 알 것 같은데

 소설 쓰는 친구가 곧 책을 출간할 예정인데 제목이 고민이라며 전화를 걸어왔다. 그가 후보 제목들을 줄줄이 불러주었지만 나라고 정답을 알 리 없었다. 우리 대화는 제목에 관한 일화들, 이를테면 작가와 편집자의 줄다리기라든가 별 고민 없이 정했는데 뜻밖에 큰 주목을 받은 제목, 유사한 제목들 사이에 벌어진 공방 등으로 이어졌다.

 그가 문득 오래전 출간된 내 소설집을 언급했다. 출간 직후 사람들은 책의 운명은 제목을 따라간다, 어느 아이돌 그룹도 원래 '그럭저럭'이었던 타이틀 곡명을 '하루히루'로 바꾸고 메가히트를 쳤다, 그런데 책 제목이 『아무도 펼쳐보지 않는 책』이 뭐냐며 나를 나무랐다.

하지만 나는 그 제목이 좋았다. 내 소설 속 인물들, 그러니까 아무도 펼쳐보지 않는 책 같고, 아무도 불러주지 않는 노래 같고, 아무도 입어주지 않는 옷 같은, 엄연히 존재하지만 누구의 주목도 받지 못하는 존재들을 통칭하는 제목으로 적절하다고 생각했다.

"그렇게 작가가 좋다고 생각하는 제목과 다른 사람들이 좋다고 하는 제목이 다르면 정말 고민되겠다. 좋은 제목이란 건 어떤 걸까?"

그의 질문에 답을 궁리하다 예전에 혼자 살던 때의 일화를 들려주었다. 이사한 바로 이튿날 집주인 할머니가 불쑥 집으로 찾아왔다. 짐 정리가 끝났나 보러 왔다면서 그녀는 거실 책장에 빼곡한 책들을 보고는 눈을 크게 떴다.

"어머나, 이것들 다 읽었어? 아이고, 나는 하루에 한 권씩 읽어도 다 못 읽고 죽겠네. 어디 몇 권 좀 골라볼까?"

그러더니 정말 책장을 한참 살펴보고 한 권을 뽑아들었다. 박형준의 시집 『생각날 때마다 울었다』였다. 그것을 이리저리 넘겨보고는 다시 책장을 둘러보고 다른 책을 뽑았다. 하진의 소설집 『남편 고르기』. 마지막으로 고른 책은 레이먼드 카버의 소설집 『대성당』이었다.

그 책들의 내용을 말해달라고 하기에 나는 대답 대신 그것들을 고른 이유를 물었다.

"응, 내가 이제껏 살아온 거 생각할 때마다 울어. 남편 잘못 만나서 고생이 말도 못했거든. 남편 고르기를 잘못한 거지. 그래도 성당 다니면서 기도해서 이렇게 버틴 거야."

그러니까 그 제목들 속에 그분의 인생이 다 들어 있었다. 나는 내용을 말씀드리기 어려우니 책을 빌려드리겠다고 했다. 그러자 할머니가 손사래를 쳤다.

"아냐, 됐어. 제목만 봐도 알 거 같은데 뭐."

친구가 웃음을 터뜨렸다.

"그러게. 다 알 것 같네."

이젠 내 사랑이 되어줘

 우연히 모교 근처에 갈 일이 있었다. 별 생각 없이 일을 마치고 버스정류장으로 향하는데 문득 눈앞에 오래전 대학생이었던 내가 누비고 다니던 그 거리가 있음을 깨달았다. 길이 정비되고, 없던 건물이 생기고, 자주 가던 상점들의 상호가 죄 바뀐 그 거리에서 나는 그때 있었으나 지금은 사라진 것들을 찾아 사방을 두리번거렸다. 그러니까 호출기 음성 메시지를 확인할 때마다 애용하던 공중전화라든가 모퉁이 편의점 앞을 지키고 있던 카세트테이프 좌판 같은 것을.
 어느 겨울, 기말고사가 끝난 날이었다. 친한 선배 언니와 나는 그 거리의 카페에서 수다를 떨고 있었다. 한파가 매서웠지만 카페는 따뜻했다. 언니가 갑자기 창밖을 가리켰다. 길 건

너 편의점 앞에 펼쳐진 좌판이 보였다. 모자도 장갑도 없이 얇은 겉옷 하나 걸친 깡마른 체구의 소년이 불법 복제한 가요 테이프들을 팔고 있었다. 카세트의 음악 소리가 무척 컸다. 출입문이 열릴 때마다 찬바람과 함께 꽁꽁 얼어붙은 음표들이 카페로 스며들어왔다.

소년이 어깨를 움츠렸다. 두 손을 비비더니, 맞잡은 두 손에 입김을 불어넣더니, 급기야 제자리뛰기를 시작했다. 그것을 보던 언니가 자리에서 일어났다. 뜨거운 코코아를 한잔 주문하고 샌드위치도 샀다. 우리는 카페를 나서 곧장 좌판으로 갔다. 언니가 소년에게 코코아와 샌드위치를 건넸다. 영문을 몰라 눈을 크게 뜬 소년 앞에서 언니는 내게 지금 나오는 이 노래 너무 좋지 않으냐고 물었다. 언니가 쑥스러워서 화제를 돌리는 것임을 알아챈 나는 기꺼이 과장된 동작으로 호들갑을 떨며 맞장구를 쳤다.

"네, 이 노래 진짜 좋아요. 너무 좋아요!"

방학이 시작되었다. 학교 앞에서 자취를 하던 나는 여전히 매일 그 거리를 오갔다. 매일 좌판의 소년을 보았지만 알은체하지는 못했다. 그러던 어느 날, 친구와 함께 좌판 앞을 지날 때였다. 친구가 소년이 항상 같은 노래만 튼다고 말했다. 그러고 보니 노래가 귀에 익었다. 나는 마침 옆에 친구도 있고 하니 용기를 내어 좌판으로 다가갔다. 소년이 머뭇거리다가 입을 열었다.

"그때 누나가 이 곡 좋아한다고 하셔서요."

"네? 제가요? 언제요?"

소년이 조금 더 큰소리로 말했다.

"얼마 전에요. 다른 누나랑 같이 코코아 주시면서."

그래서 그 곡을 계속 틀었다는 것이다.

원래도 즐겨 불렀던 당시 인기 최정상 4인조 여성 아이돌 그룹의 댄스곡을 나는 그날 이후 더욱더 좋아하게 되었다. 이젠 내 사랑이 되어줘, 내 모든 걸 너에게 기대고 싶어……

그 소년은 지금 어떻게 살고 있을까. 그가 틀던 그 많은 가요 테이프는 다 어디로 갔나. 눈앞에 없는 좌판을 머릿속으로 그려보며 나는 집에 가면 오랜만에 그 곡을 찾아 들어보리라 생각했다.

2
0
2
1

아무짝에도 쓸모없는 질문

 연초에는 마음이 분주하다. 올해 어떤 목표를 세우고 어떤 발전을 꾀할까 같은 생산적이고 미래지향적인 고민 때문이 아니라, 어쩐지 그런 고민을 해야만 할 것 같은 의무감 때문이다. 그럴 때면 가끔 오래전 1월이 떠오른다. 그때 나는 뉴욕에 있었다. 혼자인데다 할일은 없고 시간은 많았다. 그래서 매일같이 센트럴파크에 갔다. 그곳에서 사람들이 조깅을 하고 악기를 연주하고 강아지를 산책시키고 자전거를 타는 모습을 느긋하게 지켜보았다.
 어느 날에는 오솔길에서 휴대폰으로 통화하며 울먹이는 여자를 보았다. 미안해. 정말 미안해. 문득 코끝이 시큰했다. 왜 옆에서 누가 울면 따라 울고 싶어질까 생각하며 서둘러 그 자리를 벗어났다. 눈 내리던 어느 날에는 벤치에 앉아 책 읽는 남자를 보았다. 그는 누가 보거나 말거나 개의치 않고 독서삼매에 빠져 있었다. 책 제목 따위는 궁금하지 않았다. 왜 춥고 눈까지 내리는 날 굳이 밖에서 책을 읽을까 그것이 궁금할 뿐이었다.

그리고 또 어느 날 나는 호수에 오리들이 떠다니는 것을 보았다. 평화롭고 고즈넉한 풍경인데 왠지 마음이 싱숭생숭했다. 어디선가 본 장면 같았다. 이윽고 문장들이 머릿속을 스쳤다. 센트럴파크 남쪽에 오리가 있는 연못 아시죠? 그 연못이 얼면 오리들이 어디로 가는지 아세요? 아, 그것은 샐린저의 소설 『호밀밭의 파수꾼』에서 홀든이 뉴욕의 택시 운전사에게 한 질문이었다.

하늘이 어두워지고 바람이 거세졌다. 공원을 나왔다. 호밀밭에서 아이들을 지키는 파수꾼이 되고 싶다던 열여섯 살 소년, 한겨울 연못의 오리들을 걱정하던 홀든에게 냉소로 응했던 세상을 천천히 걸었다. 마침 눈앞에 노란 택시 한 대가 서 있었다. 미드타운으로 가주세요. 운전사의 눈매가 신랑해 보였다. 그래서 용기 내어 물었다. 센트럴파크의 호수가 얼면 그곳 오리들이 어디로 가는지 아세요? 운전사는 재깍 대답했다. 그야

얼지 않은 다른 호수로 가겠죠. 그런데 당신은 여행 왔나요? 어느 나라 출신인가요? 그는 내게 미드타운의 관광 명소들을 하나하나 소상히 일러주었다.

  그런데도 그날 내가 어디를 방문하고 무엇을 했는지는 기억에 없다. 다만 기억한다, 새해 분위기로 들뜬 맨해튼 한복판에서 홀든을 떠올리며 걷던 그 밤을. 주식 투자에 성공하려면 어떻게 해야 하나요? 영어를 잘하려면? 좋은 대학에 가려면? 세상의 숱한 쓸모 있는 질문들 사이에 불쑥 던져진 그의 아무짝에도 쓸모없는 질문이 준 이상한 여유를. 그 덕분에 춥지도 외롭지도 않았던 그 밤의 위안을.

문 앞에 놓고 갑니다

 쌀통을 여니 바닥이 보였다. 아차 싶었다. 며칠 전부터 쌀 사야지 해놓고 돌아서면 잊기를 반복하다가 이 사달이 난 것이다. 나는 서둘러 휴대폰으로 온라인 마트 앱에 접속했다. 쌀과 함께 이것저것 주문했다.

 '오늘 저녁 5~6시 배송 예정입니다.'

 화면의 문구를 보며 쾌재를 불렀다. 오, 이 아름답고 신비로운 당일 배송의 세계.

 '배송 완료. 문 앞에 놓고 갑니다.'

 택배 기사의 문자 메시지를 받은 것은 정각 여섯시였다. 과연 현관 앞에 마트의 로고가 새겨진 커다란 종이봉투가 놓여 있었다. 그런데 뭔가 이상했다. 봉투 안에 주문하지도 않은 콩나물이 있었다. 게다가 정작 쌀 포대는 없었다. 봉투에 부착된 배송지를 확인했다. 거기 적힌 것은 동호수만 같을 뿐 내가 사는 아파트가 아닌 이웃 아파트의 주소였다.

바로 택배 기사에게 전화했다. 수 차례 전화했지만 연결이 되지 않았다. 문자 메시지로 오배송 사실을 알렸지만 답이 없었다. 할 수 없이 마트 고객센터로 전화했다. 근무 시간이 종료되었으니 익일 아침에 다시 전화해달라는 ARS 안내 음성이 흘러나왔다. 이러나저러나 저녁밥 짓기는 그른 셈이었다.

일단 잘못 배달된 식료품을 집에 들여놓았다. 봉투째 냉장고에 넣으려다가 달리 보관해야 할 품목이 있나 하고 주문서를 훑어보았다. 콩나물, 두부, 계란, 시금치, 고등어…… 누군가의 저녁 밥상이 눈앞에 그려졌다. 이것을 주문한 이는 지금 얼마나 당혹스러울까 싶었다. 그리고 주문서에서 이유식용 다짐육과 베이비 요구르트를 본 순간 나는 결국 점퍼를 입었다.

이웃 아파트는 우리 집에서 도보로 오 분 거리에 있었다. 나는 오 분 만에 애초의 배송지 현관문 앞에 섰다. 혹시나 했지만 그 집 앞에 내가 주문한 식료품이 있지는 않았다. 사정을 설명하려고 초인종을 눌렀다. 집안에서는 아무 반응이 없었다. 문앞에 식료품 봉투를 내려놓고 다시 걸어서 오 분 만에 집으로 돌아왔다. 그런데 이게 웬일인가. 현관 앞에 예의 그 마트 로고가 새겨진 종이봉투가 놓여 있었다. 봉투 위로 삐져나온 쌀 포대 귀퉁이가 보였다.

누가 가져다놓았을까. 혹 이웃 아파트 주민도 나처럼 누군가의 저녁 밥상이 걱정되어서 오 분 거리를 걸어 손수 배달한 것일까. 그러느라 집을 비웠을 때 공교롭게도 내가 그 집을 방문했던 것일까. 그렇다면 우리는 서로를 스쳐지나갔을까. 전래동화 '의좋은 형제'가 떠오르는 추리였다. 그 추리가 맞는지는 내일 오전 고객센터를 통해 알아볼 참이다. 멀리 돌아오긴 했지만 어쨌든 당일 배송은 당일 배송이었다.

나는 보지 못한 것

 아침 등원 길, 아이와 함께 걸었다. 유치원까지 도보로 십 분이면 도착해야 했다. 그런데 집을 나선 지 이십 분이 넘도록 우리는 여전히 길 위에 있었다. 아이가 끊임없이 한눈을 팔면서 이건 뭐야, 저건 뭐야, 하고 시도 때도 없이 걸음을 멈추었기 때문이다.

 가자. 이제 그만 가자. 빨리 좀 가자. 애걸복걸 잔소리를 늘어놓은 끝에 이윽고 아이를 유치원 건물 안으로 들여보내려는 참이었다. 근데 엄마, 아까 그 꽃이 벚꽃이야? 무슨 소리인가 싶었다. 검정색이었다가 초록색 대문이 된 집 말이야. 거기 나무에 하얀 꽃이 피어 있었잖아. 점점 더 모를 소리였다.

 집으로 돌아가는 길에 나는 혼자 피식거렸다. 무슨 벚꽃이 벌써 피나. 검정색 대문 초록색 대문은 또 뭔가. 그러나 연달아 지나가는 자동차를 피하느라 담벼락에 붙어 섰을 때였다. 발아래 흰 꽃잎이 점점이 떨어진 것이 보였다. 고개를 들었다. 아, 벚꽃. 어느새 꽃을 피운 벚나무가 정말 거기 있었다. 얼른 그 집 대문을 살폈다. 원래 검정색이었는지는 알 수 없어도 그것은 최근 페인트칠을 다시 한 듯 선명한 초록색이었다. 그 위로 벚꽃이파리가 흩날렸다. 그러니까 같은 길을 걸으면서 아이는 다 본 것을 나는 전혀 보지 못했던 셈이다.

문득 오래전 기억이 났다. 혼자 등산을 하다가 길을 잘못 들어 엉뚱한 마을로 하산한 적이 있었다. 빨리 읍내로 가야지 싶어 마음이 급했다. 마침 밭에서 나물 캐던 아주머니가 눈에 띄었다. 그는 멀리 어느 한 지점을 가리켰다. 저기 저 버스 보여요? 읍내 가는 막차인데. 맙소사. 막차라니. 나는 달렸다. 더 빨리! 빨리!

버스는 떠났다. 나는 남겨졌다. 그 이후의 시간도 어리둥절한 얼굴로 함께 남겨졌다. 휴대폰도 없던 시절, 내가 할 일은 그 궁벽한 촌에서 하룻밤 묵을 곳을 찾는 것뿐이었다. 정신없이 뛰었던 길을 천천히 되짚어 걸었다. 길가에 상수리나무가 늘어서 있었다. 잎이 파릇파릇했다. 청솔모 한 마리가 나무에서 내려오다가 다시 올라갔다. 나무 아래 시냇물이 흘렀다. 조약돌 위로 돌돌돌 물 흘러가는 소리에 머릿속이 맑아졌다. 냇가에는 꽃이 지천이었다. 저것은 붓꽃, 그 옆은 패랭이꽃, 그 옆은…… 모두 조금 전에는 보지 못했던 것들이었다.

　더 천천히 걸었다. 마을은 느리게 걷는 자, 앞뿐 아니라 옆과 뒤도 돌아보는 자에게만 제 진짜 속을 보여주고 있었다. 사랑하는 사람을 만나러 갈 때처럼 세상이 다 아름다워 보이던 그 오후를 이리 까맣게 잊고 있었네, 하며 나는 초록 대문집 벚나무 아래에서 아쉬워했다.

어느 쪽이 더 견고한가

코로나 이후 세 학기째 온라인으로 실시간 화상 강의를 하고 있다. 처음에는 갈피를 잡지 못해 우왕좌왕했지만, 대학의 온라인 강의 시스템이 문제점을 보완해가며 점점 정교해졌고 나 역시 프로그램 운용에 익숙해지면서 이제는 온라인 강의를 더 편하게 느낄 정도가 되었다.

사실 온라인 실시간 강의에는 장점이 많다. 일단 프로그램이 학생들의 강의 접속 시간을 초 단위까지 정확히 알려주니 출결 여부가 즉각 확인된다. 강의 자료를 클릭 한 번으로 공유할 수 있고 화이트보드에 마우스로 판서도 할 수 있다. 과제물 수합 과정도 오프라인보다 훨씬 간단하고 학생들에게 공지사항을 전달하는 방식도 한결 쉽고 효율적이다.

그러나 나는 지금 이 놀라운 디지털 세상의 이기를 찬양하려는 것이 아니다. 어제 수업에서 종료를 몇 분 앞두고 학생들의 발제 순서를 정했다. 스무 명 남짓한 학생들이 각기 손을 들고 발제하고자 하는 문학 작품을 언급했다. 나는 부지런히 키보드를 두드리며 컴퓨터 화면에 그것들을 입력했다. 수업이 끝났다. 학생들이 모두 퇴장한 후 온라인 강의 시스템의 로그아웃 버튼을 눌렀다. 판서하느라 켜놓은 화이트보드며 이미지 파일 등 강의에 쓰인 자료들 위로 팝업창이 줄줄이 떴다. 저장하시겠습니까? 아니오. 아니오. 아니오.

그렇게 로그아웃하고 나서야 깨달았다, 내가 방금 학생들의 발제 순서를 입력한 프로그램에도 '아니오'로 응했음을. 아무것도 저장하지 않은 것이다. 학생들에게 미안하고 민망하게도 다음 수업 때 발제 순서를 다시 정해야 했다. 나는 잠시 망연해 있었다. 학생들이 말할 때 펜으로 종이에 받아썼다면 이런 일은 없었을 텐데, 하며.

생각해보면 그렇다. 나는 초등학교 때부터 꾸준히 일기를 써왔다. 원래는 공책에 썼는데 대학 시절 일기장을 한 차례 분실하는 소동을 겪은 후부터 컴퓨터의 한글 프로그램으로 쓰기 시작했다. 암호를 걸어둔 한글 파일을 컴퓨터 본체에, 플로피 디

스켓에, 외장 하드에, 클라우드에 저장하면서 얼마나 안심했던지. 그러나 지금 돌아보면 어떤가. 초등학생 때의 공책 일기장은 빛이 바래고 모서리가 나달나달해졌어도 아직 남아 있다. 그러나 대학생 때부터 철통같은 디지털의 세계에 안전하게 보관했던 일기장 파일들은 오히려 깨져서, 암호가 손상되어서, 그 밖의 갖은 오류로 잃은 것이 태반이다.

  아날로그와 디지털, 어느 쪽이 더 견고한가. 어느 쪽이 더 신뢰할 만한가.

시보다 시적인 일

　동네 책방 앞을 지나갈 때였다. 출입문에 어느 시인의 낭독회 포스터가 부착된 것이 눈에 띄었다. 시집을 훔친 시인. 포스터의 문구에 호기심이 일었다. 물끄러미 보고 있는데 문이 열리더니 책방 주인 여자가 고개를 내밀었다. 코로나로 낭독회가 취소되었다면서 여자는 눈인사를 했다. 전에 아이 그림책을 사느라 몇 번 들렀던 것을 기억하는 모양이었다.

　차나 한잔 하고 가시라는 여자의 제안을 거절하지 못하고 얼떨결에 서점으로 들어갔다. 손님이 아무도 없었다. 코로나 때문에 힘드시지요, 물었더니 동네 책방 어려운 거야 코로나 전에도 그랬지요, 하는 답이 돌아왔다. 다만 낭독회가 취소된 것이 못내 아쉽다는 말에 나는 얼른 포스터 문구에 대해 물었다.

문자 그대로예요. 낭독회의 주인공인 시인이 예전에 시집을 훔친 적이 있거든요. 나는 어떻게 반응할지 몰라 고개만 끄덕였다. 여자는 이십여 년 전에 시내 한복판 대형서점의 직원으로 일했다고 한다. 그때만 해도 CCTV가 보편화되기 전이라 책도둑이 적지 않았단다. 잡고 보면 미성년자인 경우가 많았다. 용의자를 잡으면 일단 매장의 다른 층에 있는 사무실로 데려간다, 신상을 캐묻고 부모에게 전화하여 일의 전말을 고한다, 부모가 와서 사죄한다, 이것이 끝이었다. 용의자를 경찰서에 넘기는 경우는 없었다. 더러 혼 좀 나봐야 한다며 아이를 경찰서에 보내라고 종용하는 부모도 있었지만, 그런 경우 서점 쪽에서 오히려 부모를 진정시켰다고 하니 요즘과 비교하면 참으로 인정 넘치는 세상이었다.

어느 날 여자는 시집 코너에서 현행범을 잡았다. 앳된 얼굴의 소년이었다. 점퍼 안쪽에서 시집이 두 권 나왔다. 소년을 사무실로 데려갔다. 그는 고등학생이었고 연락할 부모가 없었다. 여자는 그를 돌려보냈다. 책값은 여자가 대신 치렀다. 그 대목에서 여자는 내게 변명하듯 말했다. 훔친 물건이 다른 것도 아니고 시집이잖아요.

더 '시적인' 일은 그후에 일어났다. 이듬해 소년이 서점을 찾아왔다, 감사 편지와 책값이 든 봉투를 들고. 그렇게 인연이 시작되었다. 그 인연이 마침내 시인으로 성장한 소년이 첫 시집 낭독회를 여자의 서점에서 여는 오늘에까지 이른 것이다.

뭐랄까, 앉은자리에서 시집 한 권을 통째 읽은 기분이었다. 그래도 뭔가 미진해서 나는 그 시집을 샀다. 그리고 서점을 나오며 여자에게 낭독회 일정이 다시 잡히면 꼭 알려달라고 신신당부했다.

소금인형에게 말해줄게

아이가 나를 쳐다보았다.

"엄마, 그거 무슨 노래야?"

그러고 보니 내가 나도 모르게 흥얼거리고 있던 것은 저 까마득한 대학 시절에 즐겨 듣던, 류시화의 시에 안치환이 곡을 붙인 〈소금인형〉이라는 노래였다. 아이가 가사 내용을 자세히 알려달라고 했다.

"응, 옛날에 소금으로 만들어진 소금인형이 있었대. 어느 날 바다가 얼마나 깊은지 알고 싶었대. 그래서 바다에 들어갔다가 그만, 흔적도 없이 녹아버렸대."

순간 아이가 울음을 터뜨렸다. 나는 영문을 몰라 아이에게 이유를 물었다. 아이는 울면서 대답했다.

"그게 알고 싶으면 뉴스를 보면 되잖아. 아니면 책을 찾아보든가. 왜 바다에 들어가? 그러면 죽는다고, 그러지 말라고 엄마가 소금인형한테 말 좀 해줘."

나는 놀란 가슴을 추스르며 아이를 달랬다. 아이가 노랫말에 감정을 이입하는 속도가 그렇게 빠르다는 사실도 놀라웠지만 더 놀라운 것은 아이가 어느새 저쪽 세계에서 이쪽 세계로 건너왔다는 사실이었다. 직접 경험의 세계에서 간접 경험의 세계로, 그러니까 바다의 깊이를 알기 위해서는 바다에 직접 들어가는 방법 말고도 다른 방법들이 있음을 아는 세계로 말이다.

아이가 두세 살 때였을 것이다. 사탕을 먹을 때마다 사탕 한입 먹고 그것을 입에서 꺼내 손가락으로 만져보고 그다음 다시 입에 넣는 것을 보고 나는 아이에게 사탕을 만지지 말라고 했다. 별 소용이 없었다. 그래서 그 이후로는 막대사탕을 사주었다. 그러자 아이는 사탕 한입 먹고 입에서 그것을 꺼내 요리조리 돌려보고 또 한입 먹고 다시 입에서 꺼내 이리저리 살펴보았다. 막대를 쥐고 있으니 사탕을 직접 만진 것은 아니지만 눈으로라도 그것을 확인해야겠다는 욕망 자체는 변함없었던 것이다. 사실 사탕만이 아니었다. 장난감이든 꽃이든 돌멩이든 뭐든 아이는 일단 만져보거나 먹어보아야 했다. 당연한 일이었다. 그것이 그 나이 아이들이 세상을 인식하고 감각하는 절대의 방식이니까.

그렇게 사탕을 알기 위해서는 사탕을 만져보아야 하고 바다의 깊이를 재기 위해서는 바다에 들어가야 하는 직접 경험의 세계에 속해 있던 아이가, 어느 틈에 뉴스와 책 같은 안전하고 편리한 다른 수단들이 존재하는 간접 경험의 세계로 진입한 것이다. 자연스러운 성장 과정일 뿐임을 알면서도 놀랍고 신기한 마음을 어찌지 못해 나는 이미 한 말을 일없이 반복했다.

"그래, 알았어. 소금인형에게 꼭 말해줄게. 그러면 죽는다고, 그러지 말라고."

엄마는 꿈에서도 바쁘다

 잠에서 깬 직후 꿈과 현실의 경계가 혼란스러울 때가 있다. 오늘 아침에도 그랬다. 내가 아직도 꿈속에 있는 듯 멍한 표정을 짓고 있었는지 덩달아 잠에서 깬 아이가 옆에서 이유를 물었다. 나는 꿈을 꾸었노라 했다. 아이가 어떤 꿈이었는지 다시 물었다.

 나는 바다 한복판 외딴 섬에 있었다. 혼자였고 한낮이었다. 섬 곳곳을 돌아다니다 웬 야구장을 발견했다. 동서남북 출입문이 모두 봉쇄된 상태였다. 구장 주위를 빙빙 돌았다. 그러다 나무 그늘에 가려진, 반쯤 열려 있는 쪽문을 찾았다. 그리로 슬쩍 들어갔다. 텅 빈 관중석과 잘 관리된 잔디밭이 펼쳐진 그라운드가 시야 가득 들어왔다. 멀리 전광판 뒤로 바다인지 하늘인지 모를 푸른 배경이 끝없이 펼쳐져 있었다.

 바다 한복판 야구장이라. 이곳에서 홈런을 치면 공이 담장을 넘어 바다에 퐁 빠지겠구나 생각하며 그라운드로 들어섰다. 홈에서 1루까지 걸었다. 1루부터는 달렸다. 2루, 3루까지 달리고 3루부터는 날았다. 날아서 홈에 착지한 다음 그대로 바닥에 드러누웠다. 잔디가 폭신폭신했다. 사방에서 향긋한 흙냄새가 올라왔다. 눈을 감았다. 온몸으로 햇볕을 받고 있으니 솔솔 잠이 왔다. 안 되는데. 낯선 곳에서 자면 안 되는데. 그러면서 나도 모르게 잠들었던가. 요란한 알람 소리에 깼고, 아이가 옆에서 잠 덜 깬 눈으로 나를 보고 있었고, 나는 왜 이곳이 야구장이 아닌가 싶어 어리둥절해 있는 상태라고 아이에게 말해주었다.

 아이가 고개를 끄덕이더니 실은 자신도 꿈을 꾸었노라 했다. 그래? 어떤 꿈인데? 아이는 진지했다. 내가 이 방에서 자고 있었는데 괴물이 나타났어. 머리에 커다란 뿔이 달려 있고 눈은 시뻘겋고 온몸이 털로 뒤덮여 있고 이빨과 손톱이 아주 뾰족했어. 나는 재빨리 문 뒤에 숨었어. 괴물이 이 방으로 들어오더니 나를 막 찾았어. 너무 무서웠어. 그 대목에서 나는 이야기를 끊었다. 근데 엄마는? 엄마는 집에 없었어? 그러자 아이가 나를 빤히 쳐다보며 대꾸했다. 엄마는 야구장에 있었잖아. 왜 나를 혼자 두고 갔어?

말문이 막혔다. 이게 무슨 소리인가. 아이의 꿈과 나의 꿈이 연결되어 있었나. 꿈과 현실의 경계가 아니라 꿈과 꿈의 경계가, 그것도 나의 꿈과 타인의 꿈 사이 경계가 모호할 수도 있나. 아이가 뜻 없이 한 말일 테지만 나는 판타지 영화에서처럼 야구장에 있던 내가 아이 방으로 순간 이동하여 괴물을 물리치는 상상을 했다.

그러니까 꿈에서조차 엄마는 바빠야 하는 것이었다.

너는 어떻게 살고 있니

　H를 처음 알게 된 것은 초등학교 6학년 때였다. 당시 무슨 신문사가 주최한 백일장에 나갔다가 상을 받았는데, 신문에 실린 그 글을 읽고 H가 편지를 보내왔다. 나와 동갑내기 여자아이로 C시에 산다는 그는 장래 오케스트라 지휘자가 되고 싶다고 썼다. 지휘자가 입는 연미복이 마음에 든다고도 썼다. 세상에. 오케스트라라니. 지휘자가 입는 연미복이라니. 그게 뭔가. 이솝 우화 「개미와 베짱이」에서 베짱이가 입었던 그 미끈한 옷 말인가. 그 정도 생각밖에 못하던 내게 그의 편지는 너무나 지적이고 성숙하게 느껴졌다.

　H의 부모는 그가 태어난 기념으로 집 정원에 목련나무를 심었다고 했다. H는 쇼팽을 연주하고 싶어서 피아노를 배웠다고

했다. 그는 머리카락을 허리까지 길렀고 챙 넓은 모자를 즐겨 쓴다고 했다. 시골 촌구석에서 친구들과 노상 땅따먹기나 하는 나와 완전히 다른 세계에 속해 있는 우아한 소녀 H를 나는 동경할 수밖에 없었다.

그러나 우리의 펜팔은 오래가지 못했다. 초등학교 졸업을 앞두고 그가 이사를 간다고 했다. 우리집도 마침 이사하게 되면서 주소가 바뀌었다. 반송된 편지를 다시 보내기를 두어 번 했을까. 어느 순간 연락이 끊겼다. 너무 어려서였는지 그때는 딱히 서운한 줄도 몰랐다.

그리고 중학교 3학년이 되었을 때 나는 C시로 전학을 갔다. 새 학교의 첫날, 담임선생이 출석을 부르는데 문득 그의 이름 석 자가 불렸다. H는 흔하디흔한 이름이었다. C시는 넓고 여자중학교는 많았다. 그런데도 나는 알 수 있었다, 방금 이름 불린 그 아이가 바로 내가 아는 그 H라는 것을.

운명적인 재회에 나는 흥분했다. 그에게 내가 전부 기억하고 있음을 알려주고 싶었다. 쉬는 시간마다 그에게 득달같이 달려갔다. 너 아직도 지휘자가 되고 싶어? 목련나무는 얼마나 컸어? 요즘도 쇼팽을 연주해? 이제는 머리를 길게 기르지 않는구나. 그럴 때마다 H는 당혹스러워했다. 나를 피하는 것 같기도 했다. 그리고 어느 날 그는 내게 고백했다. 다 거짓말이었다고. 어차피 펜팔 친구를 실제로 만날 일은 없을 테니 스스로를 근사하게 포장하고 싶었다고. 미안하다고.

미안하긴. 나는 근사한 H보다, 스스로를 근사하게 포장할 수 있는 H에 더욱 매료되었다. 내가 반한 것은 그의 편지였고 그것을 쓴 사람은 어쨌든 H였다. 그가 뭐래도 나는 그냥 좋았다.

그런데 어째서인지 그와 더 가까워질 수가 없었다. C시에서 나고 자란 그에게는 이미 친한 친구들이 있었고 나 역시 나대로 친한 친구들이 생겼다. 한 교실에서 우리는 서로 다른 지역에 살 때보다 더 멀리 있었다. 졸업할 때까지 그랬다. 그리고 각기 다른 고등학교로 진학한 후 다시는 만나지 못했다.

왜였을까. 무엇이 우리를 더는 친해질 수 없도록 막았을까. 어렴풋이 짐작은 하지만 내 짐작이 맞기는 할까. 지금도 나는 가끔 끝내 이어지지 못한 우리의 인연을 아쉬워한다.

스타크래프트를 하는 목적이 무엇인가?

 한동안 방문하지 않았던 웹사이트에 접속할 일이 생겼다. 로그인을 하는데 비밀번호가 틀렸다는 팝업창이 떴다. 실수했나 싶어 다시 시도했지만, 예전에 썼던 서너 개의 다른 비밀번호들까지 줄줄이 입력해보았지만 모두 허사였다.

 나는 이제껏 내게 중요한 사건이 일어났던 날짜나 장소, 혹은 특별한 의미를 지니는 사람이나 사물의 이름을 비밀번호로 정하고는 했다. 그런데 그렇게 특별하고 중요했던 무엇인가를 불과 몇 년 후에 지금처럼 전혀 기억하지도 못하고 짐작하지도 못할 수 있다는 사실이 곤혹스러웠다.

 문득 저 까마득한 대학 시절, 한 친구가 학과 사람들에게 돌아가며 같은 질문을 던지고 다녔던 기억이 났다. 스타크래프트를 하는 목적이 무엇인가.

 사람들은 저마다 다른 답을 내놓았다. 친구는 그것을 수첩에 받아 적었지만 만족하지 못하고 계속 새로운 답을 찾아다녔다. 그 이유가 헤어진 연인 때문이었음을 알게 된 것은 한참 후의 일이다. 연애할 때 친구의 연인은 자신의 이메일 비밀번호를 친구 이름으로 설정해놓고 메일에 매일 일기를 써서 친구에게 공유했단다. 이별 후에도 친구는 습관처럼 일기를 읽기 위해 연인의 이메일에 로그인했다. 그러던 어느 날 비밀번호가 바뀐 것을 발견했다. 오기가 생긴 친구는 '비밀번호 찾기'를 시도했다. 그것은 사용자가 정한 주관식 질문에 사용자가 정한 답을 맞혀야 확인이 가능하도록 설정되어 있었는데, 연인이 정한 질문이 바로 스타크래프트에 대한 것이었다.

 오래 애썼으나 친구는 끝내 답을 찾지 못했다. 그리고 바뀐 비밀번호의 견고한 벽 앞에서 자신이 더는 연인에게 특별한 의미가 될 수 없음을 깨닫고 비로소 질문을 멈추었다.

 그가 몰랐겠는가. 비밀번호의 본질은 '번호'가 아니라 '비밀'에 있음을. 별것 아닌 숫자와 문자들, 그 별것 아닌 배열 너머에 별것의 의미가 숨어 있다는 것을. 그 특별한 기의의 빛이 바랠 때, 그리하여 비밀이 더이상 비밀이 아니게 될 때 기표는 버려지고 사라진다는 것을 말이다.

세상에 불변하는 것은 없다는 것만큼 불변하는 진리가 또 있을까. 안다. 알지만, 비밀이었던 것이 더이상 비밀이 아니게 되는 순간을 목도하는 일은 애달프다. 친구가 더이상 자기 이름이 연인의 이메일 비밀번호로 쓰이지 않게 되었음을 인정하게 된 순간처럼.

오늘의 비밀번호는 과연 언제까지 유효할까. 새삼 자문해보며 나는 옛 비밀번호를 찾기 위해 별 수 없이 '비밀번호 찾기' 메뉴를 클릭했다.

달리기를 한다는 것

놀이터에서 딸아이가 친구들과 노는 모습을 지켜보고 있었다. 저희끼리 잘 놀던 아이들이 갑자기 뭔가 의논하는가 싶더니 남자아이 한 명이 내게 다가왔다.

"우리 좀 잡아보세요."

그러니까 잡기 놀이, 이른바 얼음땡을 하자는 것이었다. 왜 가위바위보도 없이 다짜고짜 내가 술래여야 하는지 억울함보다 놀이터의 많은 어른 중 왜 하필 나를 지목했는지 궁금함이 더 앞섰다.

어찌 보면 당연한 선택이었다. 티셔츠에 면바지에 운동화. 당장 달리는 데 문제가 없어 보이는 옷차림을 한 어른이 나밖에 없었기 때문이다. 그런데 정작 아이의 대답은 달랐다.

"이모가 제일 못 뛸 거 같아서요."

그 말은 곧 내가 자신들을 쉽게 잡지 못할 것 같아 선택했다는 의미였다. 뭐라고? 어디 맛 좀 봐라, 하는 마음으로 나는 아이들의 제안을 수락했다. 이래봬도 왕년에 육상부였다. 다른 것은 몰라도 달리기만큼은 자신 있었던 것이다.

그러나 웬걸, 사방으로 도망가는 아이들을 쫓아다닌 지 몇 분도 안 되어 나는 자신감을 잃었다. 몸이 뜻대로 움직여주지 않았다. 아이들은 잽싸게 방향을 틀고 가볍게 장애물을 뛰어넘으며 번번이 나를 따돌렸다. 한없이 무겁고 둔한 몸을 움직이는 와중에 나는 문득 어른이 된 후로 달려본 적이 한 번도 없다는 사실을 깨달았다.

마지막으로 달린 것이 언제였던가. 고등학교 체력장 때였을까. 어른이 된 후로는 달릴 일이 없었다. 반별 체육대회에 참가할 일도 없고 체력장을 할 일도 없었다. 건강을 위한 조깅 같은 건 게으른 탓에 하지 못했다. 그러고 보니 회사에 다니던 시절 출근길 버스를 놓치지 않기 위해 십 미터쯤 뛰어본 적은 있었던 것 같다. 그것도 달리기였다고 할 수 있다면 말이다.

어른이 된다는 건 달릴 일이 없다는 뜻인가. 더 나이들면 더 그렇게 되겠지. 한없이 가볍게 뛰어다니는 아이들을 보며 나는 새삼 나이듦에 대해 생각했다.

"그것 봐요! 달리기 못하잖아요!"

다른 남자아이가 나를 놀리듯 가까이 다가와서 소리쳤다. 나는 미끄럼틀 옆에 멈춰 섰다. 스트레칭을 하며 뒤늦게 몸을 풀었다. 무릎을 구부리고 앉아 운동화 끈을 다시 조였다. 그런 다음 숨을 크게 들이마셨다. 이 녀석들, 내가 꼭 잡고 말겠다!

어느새 저만치 달아나는 아이들을 보며 나는 달리기 시작했다. 어른이 된다는 것이 더이상 달릴 일이 없는 거라면, 이제라도 열심히 달리면 다시 아이가 될 수 있기라도 한 것처럼, 최선을 다해.

아메리카노 주문하는 법

 음료 한잔 마실까 하고 카페에 갔다. 내 또래 여자가 카운터 앞에서 막 주문하려는 참이었다. 여자 뒤에 섰다. 방역 수칙을 지키느라 이 미터 정도 거리를 두고 섰는데도 카페 안이 한산해서인지 여자와 점원의 대화가 또렷하게 들렸다.

 아메리카노 한잔 주세요. 뜨거운 것 말씀이신가요? 아뇨, 아이스로 주세요. 사이즈는 어떻게 해드릴까요? 사이즈 뭐뭐 있는데요? 스몰 사이즈와 레귤러 사이즈 있습니다. 스몰로 주세요. 매장에서 드시나요? 네. 그러면 큐알코드 체크 부탁드립니다. 방금 했어요. 바로 결제 도와드릴게요. 할인되는 카드 있으세요? 어떤 카드가 할인되는데요? 여기 안내문 보시면 제휴카드 종류 나와 있습니다. 통신사 할인도 되나요? 고객님, 죄송한데 통신사 할인은 제휴 기간이 끝나서 안 됩니다. 그럼 그냥 주세요. 얼마인가요? 네, 삼천구백 원입니다. 어, 고객님, 이 카드는 월 1회 무료 사이즈 업 혜택이 있네요. 어떻게 하시겠습니까? 사이즈 업 해주세요. 네. 주문 다시 한번 확인해드릴게요. 아이스 아메리카노 한잔, 스몰에서 레귤러로 무료 사이즈 업 해드렸고요. 매장에서 드시는 머그잔으로 곧 준비해드리겠습니다. 멤버십 포인트 적립하시나요? 네. 여기 전화번호 입력해주세요. 혹시 저희 여름휴가 이벤트 쿠폰은 갖고 계신가요? 그게 뭔데요? 여름 한정 메뉴 포함하여 음료를 주문하실 때마다 쿠폰에 스탬프를 찍어드리는 이벤트인데요, 스탬프를 열 장 모으시면 백만 원 상당의 선물 추첨권을 드려요. 자세한 내용은 여기 안내문에 있습니다. 저 쿠폰 없는데 주세요. 네, 아메리카노 한잔 주문하셨으니까 스탬프 한 장 찍어드릴게요. 참, 여기 아메리카노 투 샷인가요? 아뇨, 기본이 원 샷입니다. 그럼 저 샷 추가할게요. 고객님, 샷 추가는 천 원의 추가 요금이 있습니다. 어떻게 할까요? 추가해주세요. 네, 주문 다시 한번 확인해드릴게요. 아이스 아메리카노 한잔, 샷 추가히 섰고요. 스몰에서 레귤러로 무료 사이즈 업 해드렸고……

 주문은 도무지 끝날 것 같지 않았다. 그러나 나를 더욱 당혹스럽게 한 것은 주문자가 나였어도 상황이 다르지 않았으리라는, 나 역시 주문할 때마다 같은 과정을 거치곤 했다는 새삼스러운 깨달음이었다. 도대체 커피 한잔 주문하는 데 확인할 사항이 뭐 그리 많은가. 그 구차하고 복잡한 과정이 어쩌다 매뉴얼처럼 정착되어버렸나. 그것이 놀랍고 기이하여 나는 내 차례가 된 줄도 모르고 멍하니 서 있었다.

네잎클로버를 뜯지 않고 놔두면

폭염에도 아랑곳하지 않고 놀이터에서 뛰어노는 딸아이를 지켜보고 있었다. 보고만 있는데도 숨이 턱턱 막혔다. 체감 온도가 36도라는데 놀이터의 아이들은 모두 약속이나 한 듯 잠시도 가만히 있지 않고 심지어 툭하면 전력질주를 해서 나를 질겁하게 했다. 한참 뛰어놀던 딸아이가 갑자기 내게 오더니 아이스크림이 먹고 싶다고 했다. 나는 놀이터의 아이들 수를 헤아려보았다. 모두 여섯이었다.

근처 아이스크림 할인점에 가서 일반적인 아이스바 절반 크기의 미니 아이스바 스무 개가 들어 있는 상자를 통째 사왔다. 딸아이에게 상자를 들려주고 아이들 한 명 한 명에게 아이스바를 나눠주라고 시켰다. 그런 다음 나도 아이들 부모에게 하나씩 권했다.

아이스바 개수가 저희 인원수보다 많음을 알아챈 아이들은 금세 하나를 다 먹고 하나를 더 청했다. 그중 한 아이가 물었다.

"아줌마 딸은 한 명인데 왜 한 개만 사지 않고 이렇게 많이 샀어요?"

나는 아이스바를 건네며 대꾸했다.

"딸은 한 명이지만 너희들도 같이 이 놀이터에서 놀고 있잖아. 너희도 덥고 너희 부모님도 다들 더우실 테니 같이 나눠 먹으면 더 좋지."

아이가 어깨를 으쓱했다.

"오, 아줌마 좀 훌륭하시네요!"

부모들이 일제히 웃음을 터뜨렸다. 그때 저만치 풀밭에 앉아 있던 딸아이가 내게 소리쳤다. 엄마, 우리 네잎클로버 찾기 할까? 그러자 나머지 아이들이 무슨 새로운 놀이라도 발견했다는 듯 큰 소리로 호응하며 모여들었다. 대여섯 살쯤 되어 보이는 아이가 왜 네잎클로버를 찾아야 하느냐 묻자 초등학생 아이가 그것을 찾으면 행운이 온다며 친절하게 나폴레옹의 구사일생 일화를 일러주기도 했다.

클로버 찾기에 집중한 아이들의 조그만 머리통 위로 한낮의

뙤약볕이 사정없이 쏟아져내렸다. 그것을 지켜보던 부모들이 한마디씩 했다. 얘들아, 안 덥니? 네잎클로버 찾기 어려워. 이제 그만 찾고…… 찾았다! 어디? 와, 진짜다!

  정말 네잎클로버였다. 그것을 찾은 이는 조금 전 내게 아이스바를 왜 많이 샀느냐 물었던 그 아이였다. 의기양양한 얼굴로 클로버를 가리키고 있는 아이에게 다른 아이들이 어서 그것을 따라고 했다. 아이가 고개를 저었다. 안 딸 거야. 내가 이걸 따면 나한테만 행운이 오지만 여기 이대로 놔두면 이걸 보는 사람 모두에게 행운이 오잖아. 그게 더 좋은 거지.

  나도 그 아이에게 말해주고 싶었다.

  "오, 너야말로 좀 훌륭한데?"

기억이 안 나요

 이제껏 살아오면서 남들 앞에서 내세울 만한 나의 거의 유일한 자랑거리는 기억력이 좋다는 것이었다. 인상적인 순간이나 잊지 못할 사건에 대해서는 누구나 잘 기억한다지만 그렇다면 내 삶은 거의 모든 순간이 인상적이고 잊지 못할 사건으로 가득하다고 해야 하나 싶을 만큼 나는 어지간한 것들은, 지극히 사소한 것들도 잘 기억하는 편이었다.

 그런데 그 오래된 자부심에 돌연 금이 가는 일이 생겼다. 엊그제 비대면 화상 회의로 어느 출판사의 신인문학상 심사에 참여했다. 그 자리에 안면이 없는 어른 한 분이 계시기에 내가 먼저 인사드렸다.

 "안녕하세요? 저는 소설 쓰는 김미월이라고 합니다."

순간 그분의 눈이 휘둥그레졌다.

"아니, 무슨 소리예요? 미월씨, 나 몰라요?"

어안이 벙벙한 채로 얼른 참석자 명단을 살펴보았다. 아, 평론가 P선생님. 성함은 익히 들어 알고 있었다. 하지만 실제로 만난 적은 없었다. 기억난다고는 못하겠고, 기억 안 난다고도 할 수 없어 나는 그저 아, 그게, 저기, 하며 우물거리기만 했다. 그러자 P선생이 다시금 탄식하듯 말했다.

"이런, 정말 기억 못하는 모양이네. 옛날 일이긴 해도 우리 몇 번 만났는데."

그러면서 선생은 그중 어느 날을 언급했는데, 출판사 술자리에서 나와 한참 동안이나 등산을 소재로 이야기했다는 것이었다.

이야기를 들을수록 선생 말이 맞다는 확신이 들었다. 십여 년 전 여름 나는 그 술자리에 있었고 선생과 마주앉아 설악산이며 지리산 종주에 대해 이야기했다. 술을 아예 못하니 술 때문도 아닐 텐데, 어째서인지 전혀 기억에 없지만 선생이 묘사하는 나는 틀림없는 나였다. 그러니 좌우지간 나는 선생을 못 알아보는 큰 결례를 한 셈이었다. 그런데도 그것에 대한 죄송함보다 내 기억력에 이리 큰 구멍이 있었다는 사실에 대한 놀라움이 더 컸다. 나이들면 뇌도 늙게 마련이고 더구나 출산 이후 기억력 감퇴는 당연한 현상인데 말이다.

내가 넋이라도 나간 표정을 짓고 있었는지 선생이 덧붙였다.

"그럴 수도 있지. 좋게 생각해요. 원래 건강하게 오래 살려면 잘 잊어야 한다잖아요."

다른 작가가 거들었다.

"맞습니다. 하지만 그래도 선생님을 기억 못한 벌로 이번 심사평은 김미월 작가가 쓰는 걸로 할까요?"

다들 동조하는 박수를 치며 웃었다.

그때 내가 무어라 대꾸했던가. 말없이 따라 웃기만 했던가. 이제는 그것도 기억나지 않으니 큰일이다.

낙법이 웬말인가

 딸아이가 전부터 태권도를 배우고 싶다고 했다. 그러나 코로나 시국에 아이를 학원에 보내는 것도 내키지 않거니와, 귀동냥한 바에 따르면 미취학 어린이의 경우 태권도장에서 초등 고학년 아이들에게 험한 말이나 행동을 배우게 되므로 정서적으로 좋지 않다기에, 아이가 조르는데도 차일피일 미루고만 있었다.

 그런데 얼마 전 아이가 제 키보다 높은 난간에 기어올랐다가 중심을 잡지 못해 추락하는 사고가 있었다. 머리를 다친 아이는 동네 병원에서 두개골 골절 소견을 듣고 대학병원 응급실까지 갔다. 엑스레이도 다시 찍고 CT 촬영도 하고, 의사에게 최종적으로 괜찮다는 말을 들은 것은 자정이 훌쩍 넘은 시각이었다. 울다 잠든 아이를 내려다보다가 문득 생각했다. 태권도를 미리 배우게 했다면 기본 낙법 정도는 익혔을 수도 있지 않을까. 그러면 떨어질 때도 본능적으로 덜 다치는 자세를 취했을 텐데.

결국 아이를 태권도장에 데리고 갔다. 관장이 어떤 계기로 오시게 되었느냐 묻기에 나는 며칠 전 사고 이야기와 함께 낙법을 언급했다. 관장이 허허 웃으며 되물었다.

"낙법이라고요?"

그때 뒤에서 누군가 관장을 소리쳐 불렀다. 돌아보니 웬 남자아이가 방금 벗은 양말이 갑자기 사라졌다며 울상을 짓고 있었다. 관장이 아이를 타이르는데 이번에는 다른 쪽에서 울음소리가 들렸다. 웬 여자아이가 엄마 보고 싶다며 큰소리로 울고 있었다.

그러니까 나는, 제 양말 하나도 간수 못하고 엄마와 잠시 떨어졌다고 대성통곡을 하는 저 다섯 살 여섯 살 꼬맹이들 앞에서 분수도 모르고 낙법 운운한 것이었다. 집에 갈 때 양말을 잃어버리고 가지만 않아도 성공인데. 아니, 엄마 없는 곳에서 울지 않고 잘 놀기만 해도 장한 일인데.

낙법은 포기했다. 대신 집으로 돌아가는 길에 아이에게 누차

강조했다.

"너 다시는 높은 데 올라가지 마. 절대 안 돼. 알겠지? 맹세해."

"응, 알았어. 맹세할게."

그렇게 놀이터에 이르렀을 때였다. 사고가 났던 그 난간 앞에서 우연히 아이 친구 엄마를 만났다. 잠깐 인사를 주고받은 시간이 십 초쯤 되려나. 고개를 돌리니 그새 아이가 문제의 그 난간에 한쪽 다리를 걸치고 기어오르는 자세를 취하고 있었다.

"엄마, 그때 내가 이러다가 떨어졌잖아. 이러면 안 된다는 거지?"

아이는 진지했다. 진심이었다. 애가 맹세한다고 그걸 믿다니. 애한테 맹세라니. 낙법이라니. 나는 정말이지 여전히 뭘 몰라도 너무 모르는구나, 싶었다.

이 이야기의 교훈은

 은행에서 차례를 기다리는데 좌석 옆에 비치된 잡지들 틈에서 표지가 알록달록한 책 한 권이 눈에 띄었다. 초등학생 대상 교양 학습지였다. 손에 잡히는 대로 펼쳤더니 마침 짧은 동화가 실린 페이지가 나왔다. 『원숭이 꽃신』

 제목을 보는 순간 아, 하고 속으로 감탄사가 나왔다. 어린 시절에 읽었으나 그후 수십 년간 까맣게 잊고 있었던 그 동화의 내용이 어렴풋이 떠올랐기 때문이다. 읽어보니 기억과 크게 다르지 않았다. 여우가 아니라 오소리였구나, 작가분 성함이 정휘창이었구나, 하는 정도가 새롭게 알게 된 사실이었다.

 어느 날 원숭이가 오소리에게 꽃신을 선물받았다. 신어보니 예쁘고 폭신폭신하고 따뜻하고 여러모로 좋았다. 계속 신으니 꽃신이 해졌는데 다행히 오소리가 새 꽃신을 주었다. 하지만 그것도 부지런히 신으니 곧 닳아버렸다. 그러자 오소리가 계속 공짜로 줄 수는 없다며 꽃신 값으로 잣을 요구했다. 원숭이는 잣을 주고 꽃신을 얻었다. 새 꽃신이 필요할 때마다 오소리가 원하는 잣 개수는 점점 더 많아졌다. 그러나 꽃신에 익숙해져 더는 맨발로 다니지 못하게 된 원숭이는 오소리의 요구를 들어줄 수밖에 없었다. 결국 원숭이는 잣을 모조리 상납하는 것으로도 모자라 오소리의 심부름까지 해주며 그의 종처럼 살게 되었다.

다시 읽어보아도 이 짧고 단순한 이야기가 잠깐의 편안함 때문에 타인에게 전적으로 의지하여 살면 자기 삶의 주인이 될 수 없다는 메시지를 이토록 선명하게 전달하고 있다는 사실이 놀라웠다. 좋은 글은 예나 지금이나 좋고, 어린이에게 좋은 글은 어른에게도 좋은 글이리라는 것을 새삼 느끼며 다음 페이지로 눈을 돌렸다. 거기 퀴즈가 있었다. 이 동화가 주는 교훈은? 다음 순간 나는 경악하고 말았는데 그것은 친절하게도 바로 밑에 나와 있는 정답 때문이었다. 모르는 사람이 주는 물선은 받으면 안 된다.

세상에. 이게 무슨 정답인가. 수용미학의 관점에서 모든 독자는 다르게 읽는다지만, 하나의 텍스트에 백 개의 해석도 존재한다지만, 그래도 그렇지, 이 동화에서 어떻게 이런 교훈을 추출하는가.

그러나 코웃음 치다가 문득 돌아보니 나 역시 아이에게 타인의 친절을 경계하라 이른 적은 있어도 자립심이나 주체성이 중요하다는 이야기는 한 번도 한 적이 없었다. 사람 조심하라는 경고가 필수적인 요즘 세상, 동화의 교훈도 이렇게 세상 따라 바뀌나 싶어 나는 더이상 웃지 못했다.

나도 한때는 펜싱을 했지만

 후배가 통화중에 불쑥 말했다. 참, 언니도 운동선수였지. 깜빡했네. 무슨 말인가 싶었다. 운동선수? 응, 언니 펜싱 선수였잖아. 나는 순간 아득해져서 입을 다물었다.

 중학생 때 펜싱을 배웠다. 어쩌다보니 운동신경으로 주목을 받게 되어 운동부 여러 곳에서 가입 제안이 왔는데 그중 펜싱부가 신기하고 재미있어 보여 택한 것이었다. 그러나 막상 시작해보니 딱히 재미있지도 않고, 무엇보다 훈련 전후 준비운동이니 정리운동이니 하는 명목으로 운동장을 도합 열 바퀴나 달려야 했는데, 체력이 형편없어 한 바퀴만 달려도 기진맥진하는 나로서는 그 과정이 공포에 가까울 만큼 심각한 부담이었다. 매번 녹초가 되어 훈련에 임하다가 결국 한 학기도 지나기 전에 펜싱을 포기했다.

대학 신입생 때 학과 선배에게 어쩌다 그 이야기를 했다. 그런데 그 선배가 어쩌다가 교수님에게 그 말을 전한 모양이었다. 그 교수님이 어쩌다 다른 교수님에게 그 얘기를 하고 다시 그것이 어떻게 교수님들 사이에서 화제로 오르내리다가 조교 귀에도 들어갔는지는 알 수 없지만, 최종적으로 내가 그 이야기를 들은 것은 첫 학기가 끝나갈 무렵이었다. 조교가 대견하다는 표정으로 내게 물었던 것이다. 너 아시안게임 펜싱 동메달리스트였다며? 네? 제가요? 아니, 동메달리스트는 아니고 동메달전에서 떨어졌다고 했나. 아무 대꾸도 못하고 있는데 조교가 덧붙였다. 그래도 어쨌든 국가대표였잖아.

정말이지 할말이 없었다. 그 이야기 어디서 들으셨어요? 나는 소문의 진원지를 역으로 추적해갔다. 그렇게 거슬러올라가니 결국 내가 최초로 펜싱 이야기를 한 학과 선배가 나왔다. 그에게 자초지종을 물었다. 그는 내가 펜싱을 몇 개월 배우다 포기했다는 것을 정확히 기억하고 있었다. 그러나 그다음 사람 또 그다음 사람의 말은 조금씩 달랐는데, 그 과정에서 내가 얻은 깨달음은 말이 와전된다면 사람이 말을 잘못 옮겼기 때문이라기보다 말이 옮겨지면서 스스로 변이되었기 때문이라는 것이었다. 그만큼 소문이 와전되는 과정에는 묘하게 불가지하고 불가해한 면이 있었다. 어쨌거나 펜싱 선수 운운 소문이 중차대한 사건은 아니어서 당시에는 다들 웃어넘겼다. 나 역시 잘못된 소문을 바로잡았으니 됐다 하고는 잊었다.

그런데 아니었다. 바로잡히지 않았다. 놀랍게도 그로부터 이십 년 세월이 흐른 이 시점에도 나는 누군가의 기억 속에서 여전히 왕년의 펜싱 선수로 존재하고 있었던 것이다. 이제 와서 다시금 정색하고 오류를 정정하자니 피곤하고도 멋쩍은 일이요, 그렇다고 잘못된 정보를 사실인 양 그대로 듣고만 있을 수도 없는 노릇이니 그저 웃는 수밖에 없었다.

마침 지면이 생겼으니 이 기회에 진실을 밝혀둔다.

저 국가대표 펜싱 선수 아닙니다.

이렇게 한 줄 쓰면서도 참 기가 찬다. 소문이 뭔지.

한 통의 편지를 부치기까지

 아이가 동화책에서 읽었다며 저도 편지를 부쳐보고 싶다고 했다. 그러니까 종이 편지지에 손글씨로 편지를 써서 편지봉투에 넣고 거기 보내는 사람과 받는 사람의 주소를 기입한 후 우표를 붙여 빨간 우체통에 넣는, 그 일련의 과정을 직접 해보고 싶다는 것이었다.

 생각해보니 아이뿐 아니라 나도 그런 과정을 거쳐 누군가에게 편지를 보내본 일이 기억도 나지 않을 정도로 오래되었다 싶었다. 하기야 이메일이 있는데, 메신저가 있는데, 아니, 저마다 휴대폰을 들고 다니니 그저 버튼 한 번이면 바로 통화가 가능한 이 대명천지 21세기 한국 땅에서 종이 편지가 웬 말인가. 하지만 그 구태의연한 것의 고색창연함을, 그 느리고 번거로운 과정이 주는 특별한 설렘을 아이도 경험하게 해주고 싶었다.

문제는 우체통이었다. 집 근처 동네 곳곳을 돌아다녀보았지만 전에는 여기저기 흔했던 우체통이 좀처럼 보이지 않았던 것이다. 발품을 팔다 지쳐 버릇처럼 스마트폰 지도 앱을 켰다. 별 기대 없이 '우체통' 세 글자를 입력했다. 그런데 이게 웬일인가. 즉각 '접속 지역 주변 우체통 검색 결과입니다' 하는 안내문과 함께 나의 현재 위치를 중심으로 4km 반경 안에 우체통이 세 군데 있다는 결과가 도출되는 게 아닌가. 어쨌든 찾았으니 다행이다 싶은 한편 아날로그로 향하는 길을 디지털이 안내해준다는 사실이 조금 당혹스럽기도 했다.

이제 우표를 살 차례였다. 우체국은 너무 멀었다. 옛날에는 문방구에서도 우표를 팔았는데, 요즘 문방구는 그렇지 않겠지, 하며 걷다보니 마침 눈앞에 초등학교가 나타났다. 속는 셈 치고 학교 앞 문방구로 들어가보았다. 놀랍게도 거기 우표가 있었다. 우표뿐 아니라 그곳에는 없는 게 없었다. 연필, 지우개, 필통, 크레파스 같은 학용품부터 조립식 로봇, 고무공, 나무 팽이, 플라스틱 인형, 물총 같은 장난감들이, 물론 내가 초등학생이던 시절의 물건들과는 품질이며 종류의 다양함 등에서 비교할 수가 없겠지만 여전히 그 자리에 있었다. 척 봐도 불량식품인 형형색색의 군것질거리들과 싸구려 액세서리, 동전으로 작동되는 게임기 역시 변함없는 존재감을 뽐내며 문방구의 한 자리씩을 차지하고 있었다.

우체통도 찾았겠다, 우표도 사고 꽃무늬 편지지와 편지봉투도 샀겠다, 이제 아이에게 편지를 쓰게 할 일이 남았다. 사실 그게 가장 중요한 일이었다. 그런데 어쩐지 가장 중요한 일은 이미 해치운 것 같은 기분이었다.

기프티콘은 커피가 아니잖아요

얼마 전부터 강의를 대면으로 전환했다. 위드 코로나 이후 대학 당국도 대면을 권하는 추세였고 학생들도 대면을 원하는 데다 모두 백신 접종도 끝낸 상태라 비대면 강의를 고집할 이유가 없었다. 나 역시 일상의 모든 비대면에 신물이 나던 참이라 반갑게 대면 강의 재개를 받아들였다.

그러나 막상 이 년간 안 하던 대면을 다시 해보니 이만저만 번거로운 것이 아니었다. 일단 수업 시간이 아침이라는 것부터 문제였다. 안 그래도 아이 유치원 보내느라 분주한 아침이 더더욱 정신없어졌고, 학교로 가는 버스에 오르면 하필 출근 시간대라 차 안은 만원이요, 도로 정체로 버스는 가다 서다를 반복했다. 간신히 지각을 면할 시각에 하차하여 강의실까지 종종걸음 치다보면 가방 속 교재며 노트북은 또 어찌나 무거운지 진땀이 다 났다. 그뿐 아니었다. 비대면 강의 때는 수업 자료를 클릭 한 번으로 화면에 공유할 수 있었는데, 이제는 인원수대로 일일이 복사하고 배포해야 했다. 코로나 전에는 아무렇지도 않게 했던 일들이었다. 그런데 고작 이 년 사이에 나는 그것들을 이리도 불편해하고 낯설어하는 사람이 되어 있었다.

강의실을 나서면서 새삼 대면이 비대면보다 좋은 점이 무엇일까 생각했다. 대면의 번거로움을 체감하는 과정에서 나온 질문이라 뾰족한 답을 찾기 어려웠다. 얼굴을 직접 볼 수 있다, 사람을 직접 만날 수 있다…… 그런데 그게 뭐?

그때 저만치 복도 끝에 서 있던 웬 여학생이 내게 인사를 했다. 가까이에서 보니 코로나 전에 수업을 들었던 학생이었다. 결석이 하도 잦아서 내가 개인적으로 면담을 청했던 학생이라 기억이 났다. 정말 오랜만에 뵙는다고, 강의시간표에서 내 이름을 보고 찾아왔다며 그가 불쑥 테이크아웃 잔에 든 커피를 내밀었다. 웬 커피냐 묻자 그가 말했다. 선생님이 사달라고 하셨잖아요. 제가요? 언제요? 이 년 전에 상담할 때요. 언젠가 제 마음이 좀 편해지는 날이 오면 커피 한잔 사라고 하셨는데. 저 가끔 선생님께 커피 기프티콘이라도 보내드릴까 생각했어요. 그런데 기프티콘은 커피가 아니잖아요. 그래서 때를 기다렸어요.

  내가 그랬나. 기억이 나지 않았다. 학생이 내미는 커피를 받았다. 따뜻했다. 너무 따뜻해서 내가 실은 손이 시린 상태였다는 것을 깨달았다. 그의 말이 맞았다. 기프티콘은 커피가 아니었다. 기프티콘에는 없는 온기를, 무게를, 부피를 가진 커피 잔을 들어 보이며 나는 그에게 말했다. 강의를 대면으로 전환하길 잘했다고, 여기서 이러지 말고 같이 커피 마시러 가지 않겠느냐고.

빠르고 간편한 위로도 위로

 늦은 밤 친구에게서 장문의 메시지를 받았다. 남부러울 것 없는 소위 엘리트 전문직 종사자로서 내내 성공가도를 달려오다가 최근 생애 최초로 힘든 일을 겪으며 심신이 피폐해져 있는 친구였다.

 그의 메시지에는 어떤 책의 본문이 첨부되어 있었다. 문학 작품을 통해 위로받는다는 게 어떤 건지 알 것 같다고 그는 썼다. 우연히 접한 책인데 주인공이 자신과 너무나 유사한 상황에 처해 있어서 내용에 깊이 공감했다고, 책을 읽으며 많이 울었고 그만큼 위로도 많이 받았다고.

 책과는, 특히 문학 작품과는 숫제 담을 쌓고 살다시피 해온 그가 보낸 뜻밖의 문자를 나는 여러 번 반복해서 읽었다. 문득 며칠 전 학생들이 제출한 과제가 떠올랐다. 문학의 기능 혹은 문학의 목적에 대한 각자의 생각을 작품 예시와 함께 정리하는 과제였다.

문학 작품이 우리가 몰랐던 삶의 진실을 깨닫게 해준다는 의견, 문학에는 아무 효용이 없으며 그저 언어 텍스트로서의 미학적 가치가 더 중요하다는 의견도 드물게 있었으나 압도적으로 많은 의견은 문학의 가장 중요한 기능이 '위로'라는 것이었다. 자신과 비슷한 처지에 있거나 나아가 갖은 역경을 극복하고 성공하는 인물의 이야기를 통해 감동과 위로를 받는다고, 그럼으로써 자신도 상처를 딛고 다시 살아갈 용기를 얻는다고, 그러기 위해 책을 읽는다고 학생들은 과제에 썼다.

맞는 말이었다. 나 역시 문학 작품을 통해 위안을 얻은 경험이 적지 않으니까. 하지만 그것이 전부일 수는 없다는 이야기를 내일 있을 수업에서 힐 계획이었다. 필립 로스는 저서에서 '자신이 좋은 사람임을 증명하고자 하는 예술가의 욕망보다 예술에 더 사악한 효과를 미치는 것도 없다'고 했다. 또한 독자들이 '즉시 느끼고 싶어하기 때문에 충격이나 감동을 주는 일이 가장 쉬운 일'이라고도 했다. 극단적으로 표현해 작가가 스스로 좋은 사람을 자처하면서 독자에게 감동과 위로를 주기 위해 글을 쏟는다면, 독자 또한 바로 그것을 얻기 위해 책을 읽는다면, 문학은 작가에게나 독자에게나 그저 빠르고 간편한 '위로 제공 매체' 이외에 아무것도 아니리라는 말을 나는 그렇게 전할 작정이었다.

그것 역시 맞는 말이었다. 그러나 빠르고 간편하게 구한 위로도, 위로는 위로 아닌가. 무엇에도 위로받지 못하는 삶에 위로를 제공할 수 있다면 그것만으로도 충분히 의미 있지 않은가. 친구의 메시지를 곱씹는 동안 머릿속이 복잡해졌다.

아무래도 수업 준비를 다시 해야 할 것 같았다.

진실은 저 너머에

우연한 계기로 중학생 시절 친구를 다시 만났다. 우리는 지난 삼십 년간 서로 소식을 전혀 모르고 살아왔다. 내가 작가가 되어 있다는 것을 알고 친구는 기뻐했다. 그래. 너는 틀림없이 작가가 될 것 같았어. 그러면서 친구는 연애편지 사건을 기억하느냐고 물었다.

당연히 기억했다. 저 까마득한 중학생 시절 별로 친하지도 않았던 그애가 어느 날 내게 대뜸 편지를 부탁했다. 좋아하는 남자애에게 보낼 연애편지를 대신 써달라는 것이었다. 아마 당시 내가 백일장에서 곧잘 상을 받는 것을 보고 편지도 잘 쓰리라 생각한 모양이었다.

우리는 방과후에도 곧장 집에 가지 않았다. 학교 운동장에서, 분식집에서, 집으로 가는 길에서 그 남자애 이야기를 나누었다. 편지를 잘 쓰기 위해서는 발신자는 물론이요 수신자에 대한 취재가 필수적이었기 때문이다. 그러면서 나는 친구와 가까워졌다. 그리고 집에 돌아가면 그 남자애를 상상하며 온갖 정성을 기울여 편지를 썼다. 편지는 퇴고에 퇴고를 거치며 숫제 문학 작품으로 승화해갔다.

그러나 마침내 편지가 완성되던 날, 나는 쉬는 시간에 예고 없이 교실에 들른 담임선생에게 그것을 들켰다. 담임은 뭔가 미심쩍었는지 편지의 진짜 주인이 누구냐고 물었다. 나는 끝까지 나라고 주장했다. 담임은 믿지 않는 눈치였지만 믿지 않을 도리도 없었다. 결국 나는 회초리로 손바닥 열 대를 맞고 편지를 압수당했다.

친구는 미안하다며 한참을 울었다. 그는 내가 저와의 의리를 지키기 위해 선생에게 끝까지 거짓말을 했다고 생각한 것이다. 그러나 아니었다. 나는 진실을 말했다. 그 편지는 내 것이었다. 나의 언어와 나의 사유와 나의 필체로 쓴 순전한 나의 창작물이라고 그때 나는 생각했다. 그러니까 진실은 저 너머에 있었다.

그때 내가 왜 울었는지 알아? 삼십 년 만에 만난 친구가 물었다. 그리고 내가 대답하기도 전에 말을 이었다. 다 거짓말이었다고. 좋아하는 남자애 같은 건 사실 없었다고. 어느 날 순정만화를 읽다가 거기 등장하는 주인공 같은 멋진 남자애와 연애하는 상상을 했는데, 그 상상을 더욱 그럴듯하게 만들고 싶어서 편지를 쓰기로 마음먹었다고. 그런데 막상 써보니 잘되지 않아서 내게 부탁했다고. 그 일이 나를 곤경에 빠뜨릴 것이라고는 미처 상상하지 못했다고 말이다. 실제로 존재하지도 않는 남자애 때문에 내가 회초리를 맞게 된 것이 미안해서, 그런데도 차마 사실을 털어놓을 용기가 나지 않아서 그저 울기만 했노라고 말이다.

내가 틀림없이 작가가 될 것 같았다는 친구의 말은 틀렸다. 작가는 내가 아니라 친구가 되었어야 한다. 가상의 인물에게 실제로 편지 쓸 생각을 하다니. 내가 그 인물에 대해 물어볼 때마다 막힘없이 했던 대답이 실은 순전한 창작이었다니. 친구는 그때 이미 소설을 쓸 줄 알았던 것이다.

진실은 언제나 저 너머에 있다.

2
0
2
2

한밤의 산책

 밤에 아이를 재우다 말고 문득 오늘 부쳤어야 할 급한 우편물을 깜빡 잊고 서랍에 넣어두었다는 사실을 떠올렸다. 시계를 보니 자정이 가까운 때였다. 평소 같으면 날 밝기를 기다려 우체국에 가겠지만 하필 이튿날은 아침부터 일이 있어 그럴 수도 없는 상황이었다. 방법은 편의점 택배 서비스뿐이었다. 결국 남편에게 잠든 아이를 봐달라 이르고 집을 나섰다. 이때까지만 해도 머릿속에는 우편물 생각밖에 없었다.

 그러나 아파트 단지를 벗어나 거리로 나서는 순간 나는 어리둥절해지고 말았다. 눈앞의 세상이 온통 휑했기 때문이다. 시간이 늦어서인지 코로나 바이러스 때문인지 인도에도 사람이 없고 차도에도 차가 없었다. 대체 이게 무슨 일인가 싶었다. 움직이는 것들이 사라진 동네 풍경은 늘 보던 것인데도 낯설기 그지없었다. 아무도 없는 도로를 밝히고 있는 가로등과 저 홀로 점멸하는 신호등을 멀거니 바라보다가 나는 지구 멸망 후 최후의 생존자가 된 기분으로 횡단보도를 건넜다. 그러다가 불현듯 아, 감탄사를 내뱉었다.

생각해보니 아이가 태어난 이후 한밤에 혼자 밖에 나온 것이 처음이었다. 밤이란 으레 아이를 재우고 아이 곁을 지켜야 하는 시간이었는데, 그 절대의 규율을 어쩌다보니 처음으로 깬 것이었다. 내가 지난 몇 년 동안 그렇게 규율에 매인 줄도 모르고 살아왔다는 사실, 나뿐 아니라 대부분의 아이 엄마들이 그렇게 살고 있으리라는 확신에 가까운 추측은 그러니까 마치 지구 멸망 후 최후의 생존자가 된 것처럼 막막하고 황당하며 씁쓸한 깨달음이었다.

도로를 건너 편의점으로 들어섰다. 어서 오세요! 다행히 편의점에는 사람이 있었다. 조명이 있고 음악이 있으며 첨단의 택배 시스템도 정상적으로 작동하고 있었다. 나는 아무렇지도 않게 우편물을 발송하고 따뜻한 음료까지 한 병 사서 그곳을 나왔다. 다시 횡단보도에 섰다. 아까와 달리 건너편 도로에 보행 신호를 기다리는 사람이 보였다. 차들이 연달아 지나갔다.

당연하게도 지구 멸망은 아니었다. 아마 늦은 시간이었고 코로나 여파 때문이기도 할 테고 아니, 어쩌면 자정 무렵의 주택가란 원래 그렇게 사람도 차도 없는 것이 당연할 터이다.

그러니까 내게 한밤의 동네 풍경이 그토록 낯설어 보였던 것은 그날따라 세상이 평소와 달랐기 때문이 아니었다. 내가 몇 년 만에 처음으로 혼자 늦은 시간 바깥에 나가보았다는 사실이 낯설었던 것이다.

나의 고민은

 속이 깊거나 식견이 넓거나 인간사 미묘하게 얽히고설킨 갖은 문제들에 명쾌한 답을 내놓을 만큼 지혜로운 것도 절대 아닌데, 어째서인지 내게는 항시 고민 상담을 해오는 이들이 끊이지 않았다. 십대 시절부터 그랬다. 친구들은 돌아가며 성적이나 친구 관계 등 그 나이에 할 법한 고민들을 내게 진지하게 털어놓았고 나는 매번 진지하게 들었다. 문제는 조언은커녕 과도한 맞장구와 호들갑으로 그들의 고민을 오히려 더 깊어지게 하기 일쑤였다는 것이다.

 사실 그건 지금도 그렇다. 그런데도 여전히 내게 고민을 토로하는 이들이 적지 않으니, 엄밀히 말하면 고민 상담이라기보다 그저 하소연할 상대로 내가 낙점되었다고 해야 할 것이다.

내 입장에서도 그런 시각으로 문제에 접근할 때 마음이 더 자연스럽게 열리곤 했다.

그런데 언제부터인가 그 모든 일이 버거워졌다. 안 그래도 육아로 늘 잠이 모자라고 시간이 모자라고 체력이 모자라 간신히 버티는 지경인데, 전화로 두 시간씩 누군가의 하소연을 듣거나 한숨과 울분이 가득한 이메일을 읽고 있노라면 정신력마저 바닥나는 느낌이었다. 이야기에 집중하려 해도 졸음이 쏟아졌고, 졸음을 참고 있으면 내가 지금 뭘 하나 싶어 아연해졌다. 그렇다고 상대에게 나도 힘들고 피곤하니 이제 그만하라고 할 수도 없는 노릇이었다. 회의감과 죄책감이 교차했다.

사정을 들은 친구는 다 내 잘못이라고 했다. 내가 거절을 못해서, 매사에 맺고 끊지를 못해서 상대가 나를 어떤 이야기든 다 들어줄 사람으로 여기게 된다는 것이었다. 감당할 수 있는 만큼만 감당하는 것이 모두에게 바람직하니, 거절할 것은 딱 부러지게 거절하라고 친구는 말했다.

구구절절 옳은 소리였다. 실은 알고 있던 답이기도 했다. 그래서 용기를 냈다. 마침 답장을 보내야 할 메시지가 있었다. 풀 수 없는 문제로 시름하던 그에게 나는 죄송하다는 문장으로 시작되는 완곡한 거절의 답장을 보냈다.

홀가분했다. 그러니까, 딱 한 시간 동안 그랬다. 그가 내 답장을 읽었는데도 한 시간 넘게 답이 없자 나는 좌불안석이 되었다. 오죽하면 나한테 그랬을까. 얼마나 힘들면 그랬을까. 지금은 더 힘들겠지. 얼마나 힘들까. 나를 얼마나 원망할까. 아, 이게 다 내 잘못이다.

내내 안절부절못하다가 잠까지 설치고 나서 이튿날 나는 결국 그에게 전화했다. 답장에 대한 변명을 늘어놓느라 식은땀이 났다. 그러나 마음은 편해졌으니 차라리 그 편이 나았다.

어떤 졸업식

 며칠 전에 아이의 유치원 졸업식이 있었다. 안 그래도 유치원에서는 거의 한 달 전부터 아이들에게 졸업식 때 부모님께 선보일 노래며 율동을 연습시키느라 분주했고 아이도 집에 오면 자신들이 깜짝 공연을 준비하고 있는 것이 비밀이라는 사실을 수시로 떠벌리며 졸업식을 잔뜩 기대하는 눈치였다. 그런데 코로나 바이러스의 확진자 수가 걷잡을 수 없을 만큼 폭증하면서 결국 졸업식은 나흘을 앞두고 비대면으로 전환되었다. 나는 아이에게 그 상황을 납득시키느라 애를 먹었다.

 그랬는데 아마 원생 부모들의 간청 혹은 항의가 적지 않았던 모양이다. 유치원에서 전화로 부모들에게 일일이 설문 조사를 하더니 하루 만에 극적으로 졸업식이 다시 대면으로 바뀌었다.

단, 조건부 대면이었다. 졸업생 전체가 모여 식을 치르는 것이 아니라 반별로 시간 차를 두고 따로 진행한다는 것, 부모 가운데 한 명만 참석할 수 있다는 것, 참석자는 코로나 음성 판정 확인서를 제출해야 한다는 것.

좌우지간 그런 우여곡절 끝에 나는 아이 졸업식에 참석했다. 그러나 참석하기까지 과정도 예상하지 못했던 순간의 연속이었지만 졸업식 자체도 예상과 판이하게 달랐다. 졸업식이라면 으레 있어야 할 절차들이 대부분 생략되거나 영상으로 대체되었던 것이다. 예컨대 재원생의 송사, 졸업생의 답사, 선생님들의 송별 인사 등이 미리 녹화해둔 영상 자료를 대형 스크린에 재생하는 방식으로 진행되었다. 그러니 마치 극장에서 영화 관람하듯 졸업생들이나 부모들이나 모두 같은 방향으로 앉아서 무대 위 스크린만 보고 있는 형국이었다.

일제히 마스크를 끼고 서로 멀찌감치 떨어져 앉은 채 영상을 멀거니 보고 있는 아이들의 조그마한 뒤통수들을 보고 있노라니 새삼스럽게 기가 막혔다. 코로나 바이러스가 창궐한지 벌써 이 년이 지났으니 제법 익숙해졌을 법도 한데 여전히 받아들이기 힘든 저 단절과 원격과 비대면의 세계를 어쩌면 좋을까.

아마 그래서였을 것이다, 영상이 끝나고 아이들이 나란히 뒤로 돌아 부모들을 바라보며 노래를 부르기 시작하자 왈칵 눈물이 나왔던 것은. 저 아이들에게 지금 우리는 무슨 짓을 하고 있는가. 대체 어떤 세상을 물려주고 있는 것인가. 코로나 바이러스가 인재라면, 앞으로 그보다 더한 재앙이 얼마든지 속출할 수 있다면.

  졸업식은 이십 분 만에 끝났다. 끝나지 않은, 끝날 수 없는 괴로움과 부끄러움으로 머릿속이 복잡했다.

학용품을 사러 갔다가

엊그제 초등학교에 입학한 아이의 가정통신문에 적힌 준비물을 사러 학교 앞 문방구로 갔다. 일찌감치 준비를 마친 여느 부모들과 달리 아무 준비도 하지 않았던 나는 그 대가를 톡톡히 치러야 했는데, 찾던 상품들이 이미 죄다 품절이었기 때문이다.

아이와 함께 더 먼 곳의 문방구들을 순회했다. 세 곳에서 허탕을 치고 마침내 생활용품 판매점까지 갔다. 없는 게 없다는 그곳에는 다행히 찾던 물건들이 다 있었다. 학용품이라기보다 장식품에 더 가까워 보이는, 형형색색으로 반짝이는 필통이며 귀여운 캐릭터 인형이 매달린 필기구들 앞에서 아이는 연방 감탄사를 내질렀다. 필요한 물건들을 바구니에 주워 담기 바쁜

내 눈에도 참 신기하고 예뻐 보이는 물건들이 많았다. 문제는 필요하지 않은 물건, 혹은 쓸모를 생각해본 적도 없는 물건들까지 내 눈을 현혹시킨다는 것이었다.

연필 진열대만 해도 그러했다. 연필 옆에는 연필심이 부러지지 않도록 연필 끝에 씌우는 플라스틱 캡, 연필 쥐는 손가락이 아플까봐 연필에 끼우는 고무 링, 어린이가 연필을 능숙하게 잡을 수 있도록 손가락이 닿는 부분마다 홈을 판 연필 등등 설명서를 읽기 전에는 용도조차 알 수 없는 상품들이 즐비했다.

고개를 돌렸다. 일부러 찾아볼 필요도 없이 사방에 그런 상품들이 가득했다. 이를테면 주방용품 코너의 과도 옆에는 사과를 여덟 조각으로 자르는 도구, 수박을 씨 빼기 좋은 방향으로 써는 도구, 과도 보관 용기, 과도에 씌우는 캡, 과일 껍질 처리기 등이 있었고 위생용품 코너의 마스크 옆에는 마스크 줄, 휴대용 마스크 보관 케이스, 마스크 소독제 분무기, 마스크 장식용 타투 스티커 등이 있었으며 쓰레기통 옆에는 규격이 맞지 않는 쓰레기 비닐을 정리해주는 고무줄, 쓰레기통에 비닐을 고정시켜주는 집게, 비닐 손잡이를 쥘 때 손바닥이 아프지 않도록 보호해주는 고무 손잡이 등이 있었다. 전부 필요하다면 필요하다 할 수 있는 일종의 아이디어 상품들이었다.

그런데 어쩐지 막막했다. 첫째로는 이런 것들이 정말 필요할까 싶은 의구심 때문이었고 둘째로는 이 의구심이 혹 내가 나이들었다는 증거로서 새롭고 낯선 것에 대해 갖는 무조건적인 거부감은 아닐까 싶은 우려 때문이었다. 셋째로는 물론 잔뜩 들뜬 채 이것 좀 봐라, 저것 좀 사달라 요구가 점점 늘어나는 아이 때문이기도 했다.

아파트 가격 1원

　새벽에 문득 눈이 뜨였다. 네시 조금 넘은 시각이었다. 어인 까닭인지 정신이 점점 맑아져 다시 잠들지 못하고 그대로 누워만 있었다. 그러다가 휴대폰을 집어들었다. 이 기사 저 기사를 기웃거리다가 별 생각 없이 중고거래 앱에 접속했다. 늦게 자는 사람도 어지간하면 잠들고 일찍 일어나는 사람도 아직은 깨기 전일 새벽 네시에, 놀랍게도 매물이 속속 올라오고 있었다. 다들 이 시간에 나처럼 안 자고 휴대폰 들여다보는구나 싶어 우습기도 하고 반갑기도 했다. 그때 방금 올라온 새 매물 하나가 눈에 띄었다. 그것은 아파트였다. 가격 1원.
　해당 페이지를 열었다. 한밤의 아파트 전경 사진이 휴대폰 화면을 가득 채웠다. 그 외에는 아무 설명도 없었다. 아파트를

1원에 판다는 것인가. 장난임이 분명한데도 어쩐지 그냥 웃어 넘겨지지가 않았다. 불 밝힌 창이 몇 개 없는 깊은 밤의 아파트 사진이 어딘가 쓸쓸해 보인 탓일까. 아무래도 방금 찍은 것 같은데. 구도를 보니 판매자는 사진 속 아파트 맞은편 동의 고층에 살겠군. 그런데 이 시간에 창밖을 보며 무슨 생각을 하고 있는 걸까. 생각이 거기에 이르자 나는 갑자기 그에게 말을 걸어 보고 싶었다. 아파트 1원에 판매하시는 거 맞나요, 같은 말이라도. 그러나 그럴 주변머리는 없어서 잠시 주저하다가 페이지를 닫았다.

그새 다른 매물들이 많이 올라와 있었다. 명품 핸드백에서부터 아이 유모차 나눔까지 쭉 훑어보는데 마음 한구석이 계속 꺼림칙했다. 결국 나는 예의 그 아파트 1원 페이지로 돌아갔다. 이 새벽에 이런 황당한 매물에 관심을 보이는 이는 아무도 없을 거라고 생각했지만, 뜻밖에도 거기에는 무려 여덟 개의 채팅 알림이 기록되어 있었다. 다시 말해 판매자에게 말을 건 사람이 여덟 명이라는 이야기였다. 그 짧은 시간 동안 이 많은 사람들이 대체 무슨 말을 걸었을까. 아파트 1원에 판매하시는 거 맞나요, 같은 말? 설마.

궁금증은 곧 풀렸다. 혹시 사이트 오류인가 싶어 페이지를 다시 로딩하자 아까는 없었던 문장이 화면에 떴기 때문이다.

'다들 걱정해주서서 고맙습니다. 죽으려는 거 아니니 걱정 마세요.'

그러니까 여덟 개의 채팅은, 조금 전에 주변머리 없는 내가 차마 하지 못했던 말과 비슷한 말을 담고 있었던 것이다. 한밤에 높은 곳에서 창밖을 내려다보는 각도로 찍힌 누군가의 사진 한 장에, 최소한 여덟 명의 타인이 그의 안위를 염려했던 것이다.

하루에 한 권씩 읽어도

 친구와 우연히 눈에 띈 카페에 들어갔다. 양쪽 벽면이 온통 음반으로 빽빽하게 채워진 카페였다. 알고 보니 고전음악 애호가이자 음반 수집가인 카페 주인이 중학생 때부터 오십 년간 모은 음반들이었다. 친구와 나는 한참이나 음반들을 구경했다. 고전음악에 조예가 깊은 친구는 어머, 이 실황 앨범이 여기 있네, 와아, 저건 진짜 희귀한 한정판인데, 하며 줄곧 눈을 반짝였다. 그것들의 가치를 모르고 보아도 그 많은 시디와 엘피 레코드가 카페 천장까지 빈틈없이 꽂힌 풍경은 그 자체로 압도적이었다.
 차를 마시면서 우리는 카페 주인이 어떤 사람일까 궁금해했다. 그러다가 문득 다른 궁금증이 생겼다. 주인은 저 음반들을 한 번씩은 다 들어보았을 것이다. 그런데 앞으로도 한 번씩 더 들어볼 수 있을까 하는 것. 음반 한 장 듣는 데 대략 한 시간이 걸린다고 치자. 하루 이십사 시간 중 수면 시간을 포함하여 불가피하게 음악을 들을 수 없는 시간을 열 시간으로 계산해서 그것을 빼고 종일 음악을 듣는다면 매일 열네 개의 음반을 감상할 수 있을 것이다. 일 년이면 5,110개, 십 년이면 51,100개, 삼십 년, 사십 년이면…… 수명을 백년으로 가정해도 그는 죽기 전에 저 음반들을 끝까지 다 들어보지는 못할 것이다. 그가 세상을 떠난 후에도 여전히 재생되는 음악. 주인보다 오래가는 음반들. 주인은 그것에 대해 생각해본 적이 있을까.

하기야 그건 나도 마찬가지였다. 여느 작가들에 비하면 집에 책이 많은 편이라고 할 수 없지만 이사할 때마다 가장 큰 짐이 책이니 적은 편이라고도 할 수 없다. 게다가 처분하는 책은 적고 새로 유입되는 책은 많으며 설상가상 처분했던 책을 다시 사들이는 경우도 심심치 않게 있으니 책들의 총량은 필연적으로 증가할 수밖에 없다. 매일 한 권씩 독파한다 해도 십 년에 겨우 3,650권. 삼십 년이면, 사십 년이면…… 나는 죽기 전에 내 책장의 책들을 끝까지 다 읽지 못할 것이다. 카페 주인과 달리 아예 한 번도 못 읽고 죽는 책도 있을 것이다.

그거 멋지네. 친구의 대꾸에 나는 어안이 벙벙했다. 어쨌든 자신이 인생에서 무엇에 집중했는지, 놓친 게 무엇이고 이룬 게 무엇인지 한곳에 모아놓고 눈으로 확인할 수 있다는 거잖아. 친구는 덧붙였다. 대부분의 사람들은 그게 뭔지도 모르고 그냥 쫓기듯이 살거든. 여전히 어안이 벙벙하기는 마찬가지였지만 뭔가 묘하게 설득당한 기분으로 나는 카페 주인의 반백 년 인생이 오롯이 담긴 수천수만 장의 음반들을 가만히 올려다보았다.

빵점 맞아도 되지요?

 딸아이가 별안간 영어학원에 다니고 싶다고 했다. 주야장천 뛰어노는 것만 좋아하는 녀석이 웬일인가, 초등학생이 되더니 설마 공부에 관심이 생겼나, 했더니 유치원 때부터 친했던 친구가 영어학원 다닌다고 자랑했단다. 저도 그 친구와 같이 다니고 싶단다.

 안 그래도 여태 애 교육에 신경을 못 쓴 것이 마음에 걸리던 참인데 제 발로 학원에 가겠다니, 절호의 기회였다. 그길로 알파벳도 모르는 아이를 친구가 다닌다는 학원에 등록시켰다. 그것이 한 달 전의 일이었다.

 지난 한 달 동안 의외로 아이는 인생 첫 학원에, 낯선 언어를 배우는 일에 곧잘 적응하는 눈치였다. 학원 수업이 재미있다는 말까지 할 정도였다. 전혀 예상하지 못했던 전개에 떨떠름한 와중에도 나는 좌우지간 학원 잘 보냈네, 친구 따라 강남 가는 것도 나쁘지 않네, 하고 흐뭇해했다.

그러고는 어제 첫 시험이 있었다. 그 학원에서는 누가 영어 학원 아니랄까봐 '시험' 대신 꼭 '레벨 테스트'라는 표현을 썼는데 그 소리를 들을 때마다 나는 레벨이 뭔지 테스트가 뭔지도 모를 아이한테 어차피 평생 치를 시험을 벌써부터 치르게 하는구나 싶어 안쓰러운 마음이 들었다. 그런데 정작 아이는 천하태평이었다. 저것은 근거 없는 자신감인가, 특유의 무신경함인가 헷갈렸다. 시험 끝난 후에도 과연 저럴 수 있을까 하는 마음으로 아이를 배웅했다.

한 시간이 지났다. 웬걸, 학원 버스에서 내리는 아이는 여전히 태평한 얼굴이었다. 그리고 나를 향해 별것 아니라는 듯 심드렁하게 말했다.

"엄마, 나 빵점 맞았어. 그래도 괜찮지?"

내가 말을 잇지 못하자 아이가 눈을 크게 떴다.

"아이 참, 엄마가 만날 그랬잖아. 시험 잘 보는 것보다 최선을 다하는 게 더 중요하다고."

내가 그랬나. 아마 그랬을 것이다. 좋은 말이고 멋진 말이고 필요한 말이니까. 하지만 최선을 다하랬지 빵점 맞으라곤 안 했을 텐데. 에이, 설마 정말 빵점은 아니겠지. 나는 속마음을 그대로 입 밖에 냈다. 아이의 눈이 더 커졌다.

"정말 빵점인데? 그리고 엄마가 분명히 빵점 맞아도 된다고 했는데?"

기가 막혔다. 아는 문제가 하나도 없었단다. 그리고 엄마가 빵점 맞아도 된다고 해서 당당하게 빈 답안지를 냈단다. 그럼 여태 학원 수업이 재미있다고 했던 건 뭔가. 수업이 재미있었다면 그만큼 공부도 자연스럽게 되었을 거고 그러면 빵점까지는 맞을 리 없었을 텐데. 치사하게 점수 가지고 나무라고 싶지는 않았는데 나도 모르게 추궁하는 꼴이 되었다.

"아니야. 수업은 진짜 재미있어. 노래도 부르고 선생님이 스티커도 준단 말이야."

아이는 말하다보니 억울하다는 듯 돌연 목소리를 높였다.

"근데 엄마는 빵점 맞아도 된다고 했으면서 왜 나한테 뭐라 그래? 엄마는 순 빵점이야!"

졸지에 나도 빵점이 되었으니, 의문의 1패가 이런 것인가.

아마도 외로워서

집에 안 쓰는 새 텀블러가 수납장 공간만 차지하고 있기에 필요한 분 가져가시라고 중고거래 앱에 올렸다. 누군가 곧바로 채팅을 걸어왔다. 동시에 상대는 못 보고 나만 볼 수 있는 메시지가 화면에 떴다. 상대가 이제껏 무료 나눔을 삼십 회 이상 받았다는 내용이었다. 그래서 어쨌다는 것인지, 상대가 나눔을 상습적으로 받고 있으니 경계하라는 것인지 뭔지 메시지의 저의를 알 수는 없었지만 나야 텀블러를 건네면 그만이니 신경쓰지 않았다.

상대는 자칭 나이먹은 아줌마라고 했다. 집 근처 카페에서 기다리겠다고 하기에 나도 마침 나가던 길이라 곧장 그곳에 들렀다. 창가 자리에 육십대로 보이는 여성이 혼자 앉아 커피를 마시고 있었다. 다가가 알은체를 하자 그는 대뜸 새 텀블러인데 왜 안 쓰느냐, 집에 텀블러가 몇 개 있느냐, 그중 어떤 것을 쓰고 있느냐 하고 물었다.

이전에도 몇 차례 중고 거래를 해보았지만 상대와 딱히 대화라는 것을 해본 적이 없던 나는 당황했다. 심지어 그는 바쁘지 않으면 커피 한잔 하고 가라고 권하기까지 했다. 정작 텀블러에는 관심도 없어 보였으나 내가 남의 사정을 다 알 수 있는 것도 아니고 알 필요도 없으니 그저 그러려니 하고 말았다.

그 텀블러가 예의 그 중고거래 앱에 다시 올라온 것은 바로 다음날이었다. 착각이 아니었다. 올린 사람은 내가 만난 그 여성의 아이디를 사용하고 있었고 텀블러도 내가 그에게 건넨 그것과 동일했다. 이유를 알 수가 없었다. 그 역시 무료 나눔으로 내놓았으니 금전적 이득을 취하고자 하는 것도 아니었다. 이득은커녕 지극히 비경제적이고 비효율적이고 성가신 일 아닌가. 이미 내 손을 떠난 텀블러이니 그가 쓰든 남을 주든 내가 관여할 바 아니라고 생각하면서도 나는 궁금했다. 그의 프로필을 살펴보았다. 그가 나눔을 삼십 회 이상 했다는 정보가 거기 있었다. 그는 나눔을 받기도 많이 받고 하기도 많이 한다는 의미였다. 그렇다면 그는 혹시 매번 나눔 받은 것들을 족족 다시 나눔 하는 것일까. 대체 왜?

　내가 카페에 머물렀던 그 몇십 초의 짧은 시간 동안 그가 했던 말들이 떠올랐다. 지금 어디 가는 길이냐, 이 동네 산 지 오래되었느냐, 나는 어디어디 살지만 사실 고향은 저 남쪽 지방 어디이다, 그런데 떠난 지 오래되었고 부모님도 다 돌아가셔서 고향이 고향 같지 않다, 이제는 자식들도 다 컸고…… 그를 혼자 두고 카페를 나서는 나 자신이 어딘가 야멸치고 냉정한 사람인 것처럼 느껴질 만큼 물기가 많던 그의 목소리를.

　그러니까 그는, 외로웠던 것일까.

오래 간직해온 물건들

갑작스러운 비 소식에 우산을 챙기다가 문득 이 우산이 얼마나 오래된 것인가 하는 데 생각이 미쳤다. 헤아려보니 그것을 선물받았던 때가 이천년대 초반, 다시 말해 무려 이십 년이나 되었다는 얘기였다. 세상에. 우산을 손에 들고 접었다 폈다 하며 이리저리 살펴보았다. 플라스틱 손잡이 부분이 조금 마모되었을 뿐 그것은 외관상으로도 기능상으로도 아무 문제 없이 멀쩡했다.

몇 해 전 어느 문예지에, 버리지 못하고 오래 간직해온 물건에 대해 썼던 산문이 떠올랐다. 처음 원고 청탁을 받았을 때는 난감했다. 성격상 꼭 필요한 물건이 아니면 잘 사지도 않고 곁에 두지도 않는 내가 쓸데없이 뭔가를 오래 간직해왔을 리 없다고 생각했던 것이다. 그러다가 대학 시절에 쓰던 무선호출기가 아직도 서랍 속에 있다는 것을 우연히 깨닫고는 옳거니 하고 그것에 대해 썼다. 그때만 해도, 아니, 이제 와 불현듯 우산의 나이를 헤아려보기 전까지만 해도 나는 현재 쓸모가 있느냐 없느냐를 떠나, 지금껏 버리지 않고 오래 간직해온 물건은 그 호출기가 유일하다고 생각했다.

천만에. 그것은 엄청난 착각이었다. 작정하고 찾아보니 내게는 우산을 비롯하여 이십 년 이상 묵은 물건들이 적지 않았다. 대학 시절 내가 즐겨 입었던 낡은 초록색 스웨터가 있고 다 쓴 공중전화카드들이 있으며 A면과 B면 가득 비틀즈가 녹음된 카세트테이프가 있는가 하면 고등학생 시절 삼 년 내내 썼던 샤프형 지우개 본체와 리필용 지우개심도 있었다.

그러나 뭐니 뭐니 해도 압권은 고등학생 때 사용했던 독서대였다. 거기에는 낭시 친구가 내게 남겼던 노란색 접착식 메모지가 그것을 처음 받았던 날 그 상태 그대로 부착되어 있었다. 수성펜의 빛이 바래 마치 아무것도 쓰이지 않은 빈 메모지처럼 보이지만 나만은 거기 적힌 글씨들을 한 자도 틀리지 않고 똑똑히 읽어낼 수 있었다.

'눈이 펑펑 오는데 너는 왜 계속 잠만 자니.'

내가 그랬었나. 친구가 그렇다고 썼으니 그랬겠지. 어쨌든 그러니까 나는 밖에 눈이 펑펑 오는 것도 모르고 계속 잠만 자는 여고생이었던 나를 그 메모지가 붙은 독서대와 함께 오래 간직해온 셈이었다.

당연하게도 그 물건들은 대부분 플라스틱이었다. 플라스틱 쓰레기가 썩는 데 장장 오백 년이 걸린다는 전언을 늘 공포와 죄책감과 각성으로만 받아들였는데, 한편으로는 바로 그 점 때문에 내가 살아 있는 내내 예의 그 옛 물건들을 계속 간직할 수도 있으리라는 사실이 새삼스럽고도 다행스러웠다.

인생 선배의 조언

며칠 전 문학 행사에 참여하느라 어느 고등학교에 다녀올 일이 있었다. 학교로 향하기 전부터 마음이 뒤숭숭했다. 고등학생들, 십대 후반 청소년들을 만난다는 것이 현재 내 삶과 까마득히 떨어져 있는 일이어서였다. 지난 십 년간 내가 십대와 이야기해본 적이 있나. 아니, 십대를 가까이에서 본 적은 있나. 그야 거리에서 숱하게 지나쳐가기는 했을 것이다. 하지만 말 그대로 지나쳤을 뿐 내 삶에서 그들은 완벽하게 분리되어 있었다. 나이 차이도 무시하지 못할 만큼 커서 그들과 나 사이에 아무 교집합도 없으리라 생각했다.

실제로 그러했다. 학생들은 상상 이상으로 기발하고 엉뚱하며 재기가 넘쳐, 그들의 언행 하나하나가 수시로 내가 어쩔 수 없는 이른바 '꼰대'임을 상기시켰다. 그러나 한편 학생들은 더없이 진지한 얼굴로 내 이야기를 경청하고 더없이 간절한 얼굴로 자신들의 고민을 털어놓았다. 그 덕분에 나는 별 위화감 없이 삼십 년 세월의 간극을 넘어 그들과 속 깊은 이야기를 나누고 공감대를 형성할 수 있었다.

그러던 중 한 학생이 물었다. 인생 선배로서 학생들에게 해주고 싶은 조언은? 뜻밖의 질문에 나는 당황했다. 인생 선배의 조언이라면 아직도 매사에 우왕좌왕하며 사는 내가 들어야 할 것 같은데 나더러 해달라니. 너무 당황해서인지 생각을 정리하기도 전에 말이 먼저 나갔다.

너희 때가 제일 좋을 때야. 공부만 하면 되잖니. 나중에 어른 되면 지금이 좋았다는 걸 알게 될 거다…… 같은 어른들 말은 다 거짓이라고. 공부만 하면 된다니, 공부만 하는 게 얼마나 힘든데. 다른 하고 싶은 일들이 잔뜩 있는데. 게다가 그렇게 공부만 해도 대학 가기 힘든데. 그런데도 지금이 제일 좋은 때라면 뭐 하러 사나…… 아니라고. 나중이 더 좋다고. 가장 좋은 것은 늘 앞날에 있다고. 그렇게 믿어야 하고 그렇게 되도록 해야 한다고.

횡설수설 길어지는 이야기를 어떻게 끝맺었던가. 솔직히 내

앞가림도 못하는 처지에, 단지 몇 년 더 살았다는 이유로 나와 아무 교집합도 없는 학생들에게 그런 주제넘은 조언을 하다니, 지금 생각해도 낯이 뜨겁다.

  하지만 기억한다, 행사가 끝났을 때 몇몇 학생이 내 자리로 왔던 것을. 작가님, 정말인가요? 정말 나중이 더 좋은가요? 여전히 반신반의하는, 그러나 그렇게 믿고 싶은 듯했던 그 표정들을. 나는 확신을 담은 목소리로 그렇다고 답해주었다. 꼰대라도, 주제넘은 조언이라도 해줄 수 있어서 다행이었다.

선배님께 올리는 안부

 소설가 선배님 한 분이 많이 편찮으시다고 한다. 오래전 내가 아직 학생이던 시절부터 흠모해 마지않았던 우리 시대의 소설가요, 등단하고 직접 뵌 후에는 작품뿐 아니라 인품에도 반해 더더욱 우러러보게 된 선배님이다. 작가로서 인터뷰할 일이 있을 때마다 나는 늘 존경하는 선배 작가로 그분을 언급했고, 감히 닮고 싶다고 주제넘지만 진심을 담아 대답하고는 했다. 그런데 그분이 몇 개월째 병상에 누워 계신다는 것이다.

 나에게는 그분이 그리 드물게 특별한 선배님이었지만, 사실 그분에게는 나 같은 후배들이 차고 넘치도록 많았다. 그러면 귀찮고 부담스러울 법도 한데 선배님은 그 많은 후배를 한 명 한 명 다 챙기셨다. 내가 첫 책을 출간했을 때 선배님이 귀여운 말이 양각된 머그와 함께 보내주신 엽서, 말이 끝까지 잘 달리려면 달리는 틈틈이 적당히 잘 쉬어야 한다고 써주신 그것을 나는 지금도 고이 간직하고 있다. 내가 허리 통증으로 힘들어하던 어느 날 문득 건네주신 찜질팩, 선배님이 무명천을 손수 꿰매 커버를 만들고 그 안에 직접 삶은 팥을 넣으셨다는 그 황송해서 차마 쓸 수 없던 찜질팩도 여전히 가지고 있다. 그때 선배님은 말씀하셨다. 아픈 건 소문 내야 빨리 나아요. 많은 사람이 걱정해주고 관련 정보도 많이 주니까.

편찮으시다는 소식을 들은 밤, 잠들지 못하고 뒤척이다 일어났다. 책장에 나란히 꽂혀 있는 그분의 저서들을 괜히 쓰다듬어보았다. 그분께 받은 엽서들, 휴대폰 문자 메시지들을 예전 것부터 모조리 읽어보았다. 선배님이 마음의 평온을 얻고자 할 때 즐겨 읽으신다던 불교 경전까지 펼쳐보았다. 마음이 점점 더 어지러워지기만 했다. 당연한 일이었다. 할 수 있는 것이 하나도 없었으니까.

지금도 그렇다. 선배님이 어서 쾌차하시기를 바라는 마음만으로는, 선후배 동료들과 그 마음을 공유하는 것 말고는 아무것도 할 수 없다는 사실이 뼈아프다. 언젠가 어느 종교 전단에서 보고 전혀 공감하지 못했던 문장이 이제 와 새삼스럽게 떠오른다. 기도할 수 있는데 무엇을 걱정하십니까. 그럴까. 기도라도 하면 선배님이 정말 괜찮아지실까. 이런 문제는 대체 누구에게 물어보아야 하나.

 아픈 건 소문 내야 빨리 낫는다고 선배님이 직접 말씀하셨으니 일단 이렇게라도 떠들어야겠다. 더 많은 사람이 걱정해주고 더 뜨거운 사랑과 위로와 응원을 보낼 수 있도록.

아무 문제도 없어요

딸아이 담임선생님이 전화를 걸어온 것은 아이가 입학한 후 한 달쯤 지났을 때였다. 나는 혹시 이것이 말로만 듣던 이른바 '문제아 학부모 소환 전화'인가 싶어 긴장했는데, 불행히도 예상이 맞았다. 문제아라고까지 하기는 어렵지만 어쨌든 아이에게 문제가 없는 것은 아니었기 때문이다.

그동안 아이가 학교생활에 대해 별말 하지 않아서 무리 없이 잘 적응한 줄로만 알았다. 그러나 웬걸, 수업 시간에 선생님을 보지 않고 혼자 책만 읽는다, 물건들을 항상 그대로 놔두지 않고 뒤집어보고 비틀어보고 뜯어보다가 결국 망가뜨린다, 여느 아이들처럼 색종이를 접으려 하지 않고 가위로 색종이를 잘게 자르는 것만 좋아한다, 여느 아이들처럼 블록을 쌓으려 하지 않고 블록에 사인펜으로 그림을 그린다 등등.

가장 심각한 것은 화장실 문제였다. 딸아이는 쉬는 시간에는 가만히 앉아 있다가 수업이 시작되면 그제야 손을 들고 혼자 화장실에 다녀오겠다고 한단다. 1학년 아이들은 아직 어려서 화장실에 아무도 없으면 무서워해요, 그래서 다들 쉬는 시간에 우르르 가지 수업 시간에 혼자서는 절대 안 가거든요, 아이가 어떤 강박이 있는 것 같네요, 하며 선생님은 걱정하셨다.

남편에게 상의했다. 심각한 얼굴로 듣던 남편은 내 말이 끝나갈 무렵에는 여유를 되찾았다. 그의 결론은 명쾌했다.

"선생님이 앞에서 수업하는데도 계속 책을 읽는다니 집중력 좋네. 물건을 이리저리 만져보고 뜯어보는 건 변형시켜보겠다는 건데 그게 바로 창의적 사고지. 아니, 색종이를 잘게 자르는 게 뭐? 블록에 그림 그리는 게 어때서? 남한테 피해 주는 것도 아닌데."

궤변 아닌가 하면서도 워낙 남의 말에 잘 혹하는지라 일정 부분 설득이 되기도 했다. 그러나 남편도 화장실 문제는 반박하지 못했다. 나는 아이에게 이유를 직접 물었다.

"아이 참, 엄마, 쉬는 시간은 짧잖아. 십 분밖에 안 되는데 화장실 갔다 오면 언제 쉬어? 수업 시간은 사십 분이나 되니까 화장실 갔다 와도 시간이 많이 남아."

내가 어이없어하며 화장실 가는 건 쉬는 거지 공부하는 게 아니니 쉬는 시간에 미리 다녀오라고 하자 아이가 곧바로 되물었다.

"화장실 가는 게 어떻게 쉬는 거야? 내가 하고 싶은 걸 하면서 노는 게 쉬는 거지. 그리고 안 마려운데 어떻게 미리 가? 나는 수업 시간에만 쉬가 마렵단 말이야."

점점 더 기가 막혔다. 학교는 단체 생활을 하는 곳이므로 규칙이 있고 너는 그곳의 학생으로서 규칙을 지켜야 한다고 말해주려 했지만 어쩐지 입이 떨어지지 않았다.

옆에서 남편이 웃으며 거들었다.

"다 맞는 말이네. 우리 딸 아무 문제도 없네."

반으로 줄여도

 한 출판사에서 곧 출간될 책에 추천사를 써달라는 요청을 해왔다. 처음에는 내 앞가림도 못하는 주제에 어찌 남의 글에 감히 추천사씩이나 쓰겠는가 하는 마음과, 어쭙잖은 추천사는 오히려 출판사와 작가에게 폐나 끼칠 뿐이라는 마음으로 고사했지만, 만사에 결정도 거절도 못하는 평소 기질 탓에 결국은 쓰게 되었다.

 원고는 일찌감치 읽었다. 작품이 좋아서 추천사가 이 책이 왜 좋은지를 말하는 거라면 얼마든지 줄줄 쓰겠다는 생각까지 했다. 그러나 생각만 했을 뿐 어영부영 시간을 보내다가 정작 책상 앞에 앉은 것은 마감을 이틀 앞둔 날이었다. 청탁서에는 추천사 분량이 원고지 4매 정도라고 쓰여 있었다. 그런가보다

하고 원고를 쓰기 시작했다.

　그런데 쓰는 와중에 추천사치고 분량이 꽤 길다는 생각이 들었다. 예전에 썼던 다른 추천사를 찾아보니 분량이 원고지 2매, 그러니까 딱 절반이었다. 혹 편집자가 착각한 것이 아닌가 싶어 문의 메일을 보냈다. 하지만 마침 주말이었고 편집자에게는 메일함을 열어볼 의무가 없었다. 그가 내 메일을 확인할 월요일은 원고 마감일이었다. 마감을 엄수해달라던 편집자의 청을 떠올리며 결국 원고지 4매를 채웠다.

　월요일 아침이 되었다. 편집자에게서 전화가 왔다. 분량을 착각했다고, 2매가 맞다고 거듭 죄송하다고 했다. 원고를 줄여주면 감사하겠지만 그리 못하겠다면 출판사 실수이니 그대로 게재하겠다고도 했다. 남의 실수 때문에 내가 안 해도 되었을 일을 해야 한다니 억울했지만 그걸 피하자고 불필요하게 긴 추천사로 다른 사람의 귀한 책을 망칠 수는 없었다. 다시 책상 앞에 앉았다. 글이란 본디 늘리기보다 줄이기가 어려운 법이라, 4매를 채울 때보다 더한 공을 들여 2매를 버려야 했다.

　과징으로 보면 억울해야 마땅한데 결과적으로는 딱히 그렇지도 않았다. 분량을 줄인 추천사가 줄이기 전보다 훨씬 나아서다. 다행이라는 안도와, 일찍이 앙드레 지드가 예술의 첫째

조건은 불필요한 부분이 없는 것이라고 했듯 한 문장으로 쓸 수 있는 것을 두 문장으로 쓰지 않는 것이야말로 작가가 필히 갖추어야 할 덕목인데 그것을 놓치고 있지는 않았나 뒤늦은 걱정이 교차했다.

이어 새로운 걱정이 생겼는데, 지금 쓰고 있는 이 글 역시 어쩌면 반으로 줄여도 문제없지 않을까, 오히려 더 나을 수도 있지 않을까, 싶어졌다는 것이다.

첫 수업에서 생긴 일

 어제 개강 첫 수업이 있었다. 처음 맡은 과목이었고 처음 만나는 학과 학생들이었다. 강단에서 그들의 얼굴을 보고 있노라니 문득 며칠 전 낯선 번호의 발신자가 보내온 문자 메시지가 떠올랐다. 학생들이 너무 예민하고 까다로워 수업하기 힘들 것이니 미리 알고 계시라며 지난 학기 그들을 가르쳤던 선생이 친절하게 보내준 문자였다.

 일단 출석을 불렀다. 전원 출석이었다. 지각자도 없었다. 개강 첫 주인데다 이른 오전 수업임을 감안하면 흔치 않은 일이었다. 바람직한 상황인데도 나는 이미 주입된 선입견을 어쩌지 못해 이 예외적인 성실함 또한 전임자가 말한 그 예민함과 까다로움의 한 양태 아닐까, 의심했다.

아니나 다를까. 강의계획서의 주차별 내용을 소개하는데 한 학생이 갑자기 손을 들었다. 방금 토론을 하겠다고 하셨는데 이 주차의 텍스트는 토론에는 적합하지 않은 거 아닌가요? 해당 텍스트는 퀴어 소설이었다. 만약 동성애가 옳은가 그른가, 동성애에 찬성하는가 반대하는가 같은 토론이라면 저는 안 된다고 생각합니다.

나는 그에게 사려 깊은 질문이라고, 하지만 걱정 말라고, 그런 토론을 하려는 것이 아니라고 말하려 했다. 그런데 다른 학생이 나섰다. 저도 동성애가 찬반 따질 주제는 아니라고 생각하지만 그래도 동성애에 대해 우려하는 면은 있어요. 그런 의견 정도는 수업 시간에 나눌 수 있지 않나요. 모든 주제의 토론이 가능한데 이 주제만 안 된다는 것은 표현의 자유에 대한 과도한 침해이고 역차별 같아요.

그러자 또다른 학생이 의견을 보탰다. 이어 네번째, 다섯번째 학생도 입을 열었다. 정말이지 순식간에 소수자의 인권 문제를 다룬 인문학 서적에서나 볼 법한 장면이 눈앞에 펼쳐졌다. 그들은 하나같이 자신의 주장을 논리정연하게 전개하면서도 상대 입장을 존중하는 태도로 일관했다.

나는 잠시 토론을 지켜보았다. 실은 그들이 더욱 마음껏 의견을 개진하도록 놔두고 싶었으나 수업 계획상 그러기는 어려워 결국 중간에 개입하여 상황을 정리했다. 정리라 할 것도 없었다. 지엽적으로는 의견 차이를 보였으나 그들이 본질적으로 생각하는 바는 같았기 때문이다. 성적 지향과 상관없이 우리 모두는 똑같이 평등한 사회 구성원이며 행여나 토론을 빌미로 다수자가 소수자의 정체성을 판단하거나 부정하는 폭력적인 일은 있어서는 안 된다는 것.

  학생들이 예민하고 까다로워 수업하기가 힘들지 어쩔지는 몰라도 내가 그들에게 깨닫고 배우는 게 더 많을 테니 꼭 손해 보는 일은 아니겠구나 싶었다.

어디 가고 싶어?

추석을 코앞에 두고 아이가 코로나19 바이러스 확진을 받았다. 아직 나도 안 겪은 코로나를 아이 먼저 겪게 해서 미안함도 크고 걱정도 컸는데, 요행히 아이는 딱 이틀만 호되게 앓고 사흘째부터는 언제 아팠냐는 듯 빠르게 기력을 회복해갔다.

문제는 자가 격리였다. 시기가 하필 추석 연휴와 겹치는 바람에 잔뜩 기대하고 있었던 강원도 외가와 친가 나들이를 포기해야 하는 것은 물론이요, 졸지에 집 앞 놀이터조차 갈 수 없는 상황이 된 것이다. 아이는 평소 책 읽기와 애니메이션 시청하기를 지나치다시피 좋아했고, 녀석에게 읽힐 책과 보여줄 애니메이션의 목록은 넘치도록 충분했지만, 아무리 좋아해도 하루 이틀인 모양이었다. 녀석은 곧 시위하듯 창가에 매달려 하염없이 밖을 바라보며 격리의 답답함을 호소했다. 그것이 안쓰러워 내가 물었다. 밖에 나가고 싶어? 어디 가고 싶어?

당연히 놀이터나 동네 키즈카페, 선택지를 조금 더 넓혀도 놀이공원 정도를 꼽으리라 예상했다. 엄마, 나는 태평양에 있는 무인도에 가고 싶어. 생각지도 못한 대답이었다. 태평양 무인도? 왜? 아이가 천연덕스러운 얼굴로 대꾸했다. 제가 읽은 동화책의 주인공 아무개 선장이 그곳에 살고 있다고. 그야말로 아이다운 발상이었다. 응, 그런데 그 책 속의 시간은 아주 옛날이야. 네가 태어나기도 전이거든. 그래서 지금 네가 그곳에 가도 그 선장을 만날 수는 없어.

나도 알아. 아이가 딱하다는 듯 눈을 흘겼다. 만나려고 가는 게 아니라, 그 선장이 거기 살았었으니까 가보고 싶은 거지. 거기 가면 내가 꼭 동화책 속에 있는 기분일 거 같거든. 순간 말문이 막혔다. 아이들도 그런 생각을 한다니. 그러니까 내가 오래전 빨간머리 앤이 살았다는 캐나다 동쪽 끝 어느 섬을 돌아보고 싶었던 것처럼, 마지막 잎새가 아직도 매달려 있다는 담장이 있는 뉴욕의 어느 카페에 가보고 싶었던 것처럼 말이다.

마크 트웨인의 책에서였나, 정확한 표현도 출처도 기억나지 않지만, 여행지에서 우리는 낯선 경치를 구경하려는 것이 아니라 오래전부터 책을 통해 이미 알고 있었던 장소와 그곳에 살았던 사람들을 만나고 싶어하는 것이라던 맥락의 문장을 읽었던 생각이 났다. 격리가 끝나면 아이와 그렇게 이야기 속으로 여행을 떠나보는 것도 재미있겠다 싶었다. 괜히 신이 나서 나는 아이에게 재차 물었다.

그리고 또? 또 어디에 가고 싶어?

축하드립니다!

 며칠 전 어느 신인문학상 심사를 했다. 당선작이 정해지자 문학상 주최측 담당자가 그 작품의 투고자에게 전화를 걸었다. 혹시 등단이나 책 출간 이력이 있으신지요? 아니요. 휴대폰 통화 음질이 뛰어나서 스피커 너머 상대의 목소리가 멀찍이 떨어져 앉은 나에게도 또렷이 들렸다. 혹시 이 작품을 다른 곳에도 투고하지는 않으셨습니까? 아니요. 알겠습니다. 다시 연락드리겠습니다.
 아무 문제가 없었다. 당선이 확정된 것이다. 그런데도 담당자는 곧바로 당선 통보 전화를 걸지 않았다. 심사위원들도 급할 것 없다는 듯 이런저런 이야기를 나누었다. 그렇게 십오 분이 흐르는 동안 생각했다. 투고자는 지금 어떤 마음일까, 종교가 없다 해도 이런 순간에는 저도 모르게 두 손을 모으게 되지 않을까.

마침내 담당자가 휴대폰을 들었다. 당선 축하드립니다. 그런데 어쩐 일인지 스피커 너머가 잠잠했다. 안 들립니까? 여보세요? 그제야 멀리서 희미한 목소리가 들려왔다. 네, 잘 들려요. 아까와 달리 몹시 떨리는 목소리였다. 아, 제가 지금…… 어떻게, 그게…… 아, 정말 감사합니다. 당선자는 말을 제대로 잇지 못했다.

얼마나 예쁜가. 이 얼마나 인생에 다시없을 특별한 순간인가. 선배며 동료 작가들에게 들은 당선 통보 순간들이 떠올랐다. 술 취해 자다가, 여행 가려고 기차표를 끊다가, 빙판길에 넘어져 끙끙거리다가, 아르바이트에 늦어 애태우다가, 전화를 받은 후 그들은 술이 깼고, 기차표는 끊지 않았고, 빙판길에서 벌떡 일어났고, 아르바이트에 늦어도 좋았다. 꿈이 이루어졌으니까. 잘하고 있다고, 앞으로 더 열심히 하라고 누군가 알아주고 격려해주었으니까.

당시 이야기를 할 때 그들은 하나같이 오래전 일인데도 아주 선명히 기억하고 있었다. 그리고 어느새 그때로 되돌아간 것처럼 열에 들뜬 얼굴이 되어, 아니 정말 그때로 되돌아가 방금 등단한 신인 작가가 되어 있었다. 당선 통보 전화란 그런 것이었다. 멀리 갈 것 없이 나에게도 해당되는 이야기였다.

아아. 뒤늦게 생각난 것이 안타까워 탄식부터 했다. 통화 녹음 안 하셨지요? 담당자가 웬 뚱딴지같은 소리냐는 듯 눈을 크게 떴다. 그거 녹음해서 당선자께 선물하면, 그분이 혹 언젠가 소설이 잘 안 쓰이거나 작가로서의 삶에 회의가 들거나 슬럼프에 빠졌을 때 듣고 기운 내실 수도 있지 않을까 싶어서요. 오, 좋은 아이디어네요. 내년부터는 녹음하겠습니다! 시원시원한 대답이 좋아서 나는 소리 내어 웃었다.

방울토마토의 행방

 아침밥을 먹다 말고 아이가 물었다. 엄마, 이거 한 개 우리 선생님 가져다드려도 돼? 아이가 가리키고 있는 것은 지난 주말 강원도 할머니댁 텃밭에서 제가 직접 따온 방울토마토였다. 아이는 담임선생님을 무척 좋아했다. 제가 딴 것을 드리고 싶고 자랑하고 싶기도 할 터였다. 그 마음이야 이해하지만, 알이 너무 작아 토마토라기보다 앵두처럼 보이는 것을, 그것도 달랑 한 개를 갖다 드리라고 할 수는 없어서 나는 그중 특별히 더 예뻐 보이는 네 개를 골라 지퍼백에 넣어주었다. 아이는 신나서 그것을 손에 들고 집을 나섰고 나는 그러려니 하고는 곧 잊어버렸다.
 저녁밥을 먹을 때였다. 아이가 태권도장에서 만난 동생이 방울토마토를 받고 어쩌고 종알거리는 것이 아닌가. 너 그거 태권도장 동생 줬어? 응. 순간 의아했지만 뭐 그럴 수도 있지 싶었다. 담임선생님은 왜 안 드렸어? 아이가 눈을 크게 떴다. 담임선생님도 드렸어. 뭐? 어떻게? 놀라 되물으면서도 설마 한 개씩 나눠준 건 아니겠지 했다. 응, 맞아. 아침에 교문 앞에서 교감선생님이 머리 쓰다듬어주셔서 제일 먼저 하나 드리고. 뭐? 교감선생님? 응, 그러고 나서 복도에서 만난 친구한테 하나 주고 또…… 아이는 천연덕스럽게 말을 이었다.

그러니까 녀석은 교감선생님, 친구, 담임선생님, 태권도장 동생, 태권도 사범님, 이렇게 등하굣길에 만난 사람 순서대로 방울토마토를 한 개씩 나눠준 것이었다. 그것만으로도 기가 차서 할말이 없는데 문득 계산이 맞지 않는다는 생각이 들었다. 방울토마토는 네 개인데 아이가 언급한 사람은 모두 다섯 명 아닌가.

응, 그게, 내가 마지막으로 사범님한테 방울토마토 드릴게요 하면서 가방을 열었더니 하나도 없지 뭐야? 난 한 개 남아 있는 줄 알았는데 말이야. 듣고 있으려니 진땀이 다 났다. 그래서 어떻게 했어? 다음에 드리겠다고 했어? 아이가 의기양양한 표정으로 고개를 저었다. 아니. 다행히도 가방 안에 내가 아까 학교 운동장에서 주운 예쁜 솔방울이 있지 뭐야. 그래서? 뭐가 그래서야. 방울토마토 대신 솔방울을 드렸지. 그거 되게 귀여운 아기 솔방울이었어.

아이는 대신 드릴 것이 있어 정말 다행이었다는 듯 미소를 지었다. 나는 차마 웃지 못하고 또 물었다. 사범님이 좋아하셨어? 응, 고맙다고 하셨어. 내가 방울토마토 준 사람들이 다 나한테 고맙다고 했어! 그래, 참 다행이네. 잘했네. 네 개의 방울토마토를 다섯 명에게 나눠주는 신기를 선보인 아이 앞에서 무슨 말을 더 보태랴.

소풍의 본질

엊그제 아이의 초등학교 첫 소풍이 있었다. 요즘은 소풍을 소풍이라 하지 않고 '현장체험학습'이라 부른다는데, 달라진 명칭 말고도 낯선 점이 한두 가지가 아니었다.

준비물 일인용 돗자리부터 그러했다. 돗자리라는 게 뭔가. 여럿이 한데 모여앉으라고 있는 것 아닌가. 그런데 일인용 돗자리라니, 마치 '둥그런 네모'처럼 두 단어가 서로 충돌하지 않는가. 설마 그 조그만 돗자리에 백여 명의 어린이들이 각각 체스판의 말들처럼 한 명씩 따로 앉아서 제 도시락만 얌전히 먹어야 한다는 것일까. 아니, 그보다도 그런 걸 어디서 사나. 팔기는 파나. 미심쩍어하며 인터넷 쇼핑몰을 뒤졌더니 놀랍게도 당장 다음날 배송되는 상품이 수십 종이었다. 나만 몰랐을 뿐 세상은 이미 일인용 돗자리에 익숙한 모양이었다.

그 밖에도 전혀 생각지 못했던 지극히 사소하고 개인적인 준비물들을 다 챙겨 아이와 학교로 향했다. 운동장에 도열한 대형 버스들 또한 낯설어 보이기는 마찬가지였다. 가을 소풍이면 모름지기 가을 정취를 느끼며 목적지까지 걸어가야지, 무슨 당일치기 소풍을 차창이 시커멓게 선팅된 버스를 타고 애니메이션을 시청하며 한 시간이나 가는가. 부모들 생각은 다 비슷한지, 옆에 있던 한 엄마가 일행에게 요즘 소풍이 옛날과 참 다르지 않느냐 물었다. 그러게요. 맞아요. 이러니 우리가 옛날 사람인 거죠. 다들 맞장구를 치며 웃었다.

경찰관이 직접 운전기사들의 음주 측정을 하는 것을 지켜보다가 문득 요즘 소풍이 옛날과 다른 이유의 핵심은 '디테일'이구나 싶었다. 소풍을 일주일 앞두었을 때부터 학교에서 아이를 소풍 보낼지 여부, 아이의 식품 알러지 여부, 장거리 차량 탑승 가능 여부, 지병 여부 등을 확인하지 않았던가. 다 안전을 최우선으로 하는, 개인을 개인으로 존중하는, 타인에게 피해 줄 일을 최소화하는, 지금 학부모 세대의 소풍에서는 미처 고려되지 못했던 디테일들이었다.

마침내 버스가 출발했다. 교문 앞에 모여 있던 엄마들이 이제야 한숨 돌린다는 시늉을 했다. 새벽 다섯시부터 김밥을 쌌네, 샌드위치를 만들었네, 쿠키를 구웠네 푸념하면서도 하나같이 웃는 얼굴이었다. 아이를 감동시키려 도시락에 몰래 편지를 넣었다는 엄마가 있는가 하면 한 엄마는 소풍빔으로 옷과 운동화를 새로 사주었다고 해서 모두의 감탄과 함께 장난기 어린 빈축을 샀다.

  요즘 소풍이 옛날과 다르기는 다르다. 그러나 디테일은 달라도 본질은 같다. 부모나 아이나 들뜨게 만든다는 것.

문학주간 후에 깨달은 것

 지난달에 문화예술위원회에서 주최하는 문학주간 행사가 서울 대학로에서 열렸다. 어쩌다보니 떠밀리듯 내 깜냥에 어울리지도 않게 기획위원을 맡게 되어 여름부터 프로그램을 기획하느라 분주했는데, 행사가 끝나고도 한참 더 지난 어제 문득 깨달았다. 사실은 내가 문학주간을 기획한 것이 아님을.

 문학주간이 나를 기획한 것이었다. 내가 어떤 사람인지 새삼스럽게 발견할 수 있도록 도와준 것이었다. 지난 몇 년간 나는 출산과 육아의 격랑에 휩쓸려 문학과 동떨어진 삶을 살았고 문학 없이도 일상은 잘만 흘러갔으므로 사실상 나와 문학은 이제 무관하다 믿고 있었다. 그것이 착각이었음을, 나와 문학이 여전히 촘촘하게 연결되어 있고 그로써 내가 행복할 수 있음을 문학주간이 일깨워준 것이었다.

이를테면 좌담에서 소설가 C가 했던 말이 그렇다. 제주에 사는 그에게 관객들이 제주에 대해 물을 때마다 그는 수줍어하며 대답했다. 저는 방에서 글만 쓰기 때문에, 저는 방에서 글만 써서, 방에서 글만 쓰니까……

그 단순한 문장이 내게는 마치 정약용이 유배지에서 우국충정의 마음으로 쓴 편지처럼 묵직하게 다가왔다. 방에서 글만 쓰는 사람에게는 창밖이 제주건 지옥이건 상관없다. 그는 쓰고 있는 글을 통해 어디로든 갈 수 있기 때문이다. 삶에 대한 확신이 없으면 할 수 없는, 일에 대한 애정이 없으면 할 수 없는 그 대답이 명료하고 아름다워서 나는 조금 울었다.

그런가 하면 시인 L은 관객이 시를 쓸 때의 어려움을 묻자 대답했다. 시가 내 뜻대로 쓰인 적은 이제껏 한 번도 없어요. 만약 내 뜻대로 쓰이는 때가 있다면 그건 내 뜻이 이미 없어졌다는 겁니다. 시를 쓴다는 것은 늘 실패하는 거지요.

뜻대로 쓰이지 않음을 알면서도 계속 쓰는 마음, 늘 실패하면서도 다시 시도하는 마음이란 어떤 것일까. 아마 시인 자신도 모를 것이다. 몰라도 계속 쓸 것이다. 안 쓸 수 없으니까, 쓸 수밖에 없으니까. 그러니까 그는 시를 쓰는 사람이자 시를 하는 사람이고 시를 사는生 사람일 것이기 때문이다.

  정작 당시에는 행사가 무사히 진행되는지만 신경쓰느라 미처 알지 못했다. 이 땅에 이런 귀한 작가들이 있어서, 동시대를 살며 이들의 작품을 읽고 이들 이야기를 들을 수 있어서 내가 얼마나 행복한지를. 나는 그런 사람이라는 사실을. 그것을 일깨워준 작가들께, 그리고 문학주간에 감사드린다.

커피 한잔의 거리

 폭설에 한파까지 휘몰아친 날이었다. 아이가 태권도 학원에서 돌아올 시간이 되어 학원 차가 정차하는 곳으로 나갔다. 도로 사정 탓인지 도착 시간을 십오 분이나 넘기고도 소식이 없었다. 추웠다. 사방이 트인 곳에 가만히 서 있으려니 정말 추웠다. 주머니에 손을 넣고 있는데도 손가락이 곱아 감각이 없고, 마스크를 쓰고 있는데도 눈가를 후려치는 바람이 매서워 눈물이 나올 정도였다.

 그렇게 이십 분쯤 서 있었을까. 무슨 소리인가 들려 고개를 드니 길 건너 아파트 경비실에서 경비 아저씨가 내 쪽을 향해 손을 흔들고 있었다. 나는 아닐 테고 그럼 누구에게 흔드나 싶어 주위를 돌아보았지만 반경 십 미터 안에 움직이는 개체라고는 나 하나뿐이었다. 순간 그의 목소리가 또렷하게 들렸다. 이쪽으로 좀 와보시라고요!

저 아저씨가 나한테 무슨 볼일이 있나. 내가 뭔가 잘못해서 주의를 주려는 걸까. 하지만 늘 하던 대로 아이를 기다리고 있을 뿐인데 무슨 잘못? 아니면 뭐 부탁할 거라도 있나? 학원차가 금방 도착한다 해도 그 경비실에서 훤히 보일 터라 나는 길을 건넜다. 그가 손에 쥔 것을 흔들어 보이며 큰소리로 물었다. 한잔 드릴까요? 그의 손에 들린 것은 노란색 믹스 커피 봉지와 종이컵이었다.

아, 커피. 시각 정보만으로도 꽝꽝 얼어붙어 있던 몸이 스르르 녹는 기분이었다. 그러나 바로 다음 순간 의사가 내시경 검사 후에 했던 당부가 떠올랐다. 커피는 안 됩니다. 하루 한잔도 안 좋습니다. 특히 믹스 커피는 절대 안 됩니다. 하기야 의사의 당부가 아니어도 커피를 마시면 내 위가 어떤 식으로 맹렬하게 자신의 존재감을 알리는지는 내가 제일 잘 알았다.

감사합니다! 손을 뻗어 종이컵을 받았다. 그가 자신의 컵에도 뜨거운 물을 받으며 말했다. 이 날씨에 길바닥에 가만히 서 있으니 얼마나 추워요? 그러다 병나지. 차가 왜 이리 늦나 짜증도 나고. 근데 사실 진짜 힘든 건 운전기사예요. 길이 나빠 늦는 건데 부모들이 항의 전화하지, 학원 원장이 잔소리하지. 이런 때일수록 서로 이해해줘야 하는데 말이에요.

그러니까 그의 마음이 미치는 거리는, 자신의 일터도 아닌 이웃 아파트 주민의 육체적 건강에 그치지 않고, 그 주민이 항의 전화를 할지도 모를 학원차 운전기사의 심리적 안위에까지 뻗어 있었던 것이다. 고개를 끄덕여 보인 후 나는 손안의 커피를 일생의 영약이나 되는 듯 조심스럽게 한 모금 마셨다. 따뜻한 기운이 순식간에 아주 깊이 멀리 아득하게 뻗어나갔다.

2
0
2
3

왕도는 따로 있다

휴양지에 와 있다. 크리스마스보다 크리스마스이브가 더 들뜨는 날이듯 여행도 할 때보다 준비할 때가 더 즐거운 법인데, 돌아보면 이 여행은 준비하는 내내 걱정이 태산이었다. 시부모님을 모시고 왔으니 정확히는 여행이라기보다 효도 관광이라 해야 할 텐데, 단지 어르신들이 있어 걱정이 많았다는 것은 아니다. 일정상 시부모님이 우리 가족보다 이틀 늦게 출발하시는 것이 문제였다. 국외 여행을, 연세가 팔십 가까운 두 분이 알아서 출국하셔야 했던 것이다.

나는 이른바 '출국 정복 브리핑'을 위해 강원도 시가에 갔다. 항공권 예매 서류 및 영문 코로나 백신접종증명서를 출력해드리고 수하물 가방 꾸릴 때 주의점이며 공항에서의 체크인 절차, 더 구체적으로는 해당 항공사 카운터가 공항 어디에 있고 교통약자 우선 입장 게이트는 몇 번에 있으며 비행기 탑승구는 어떻게 찾는지 등등을 말씀드렸다.

사실 비행기 이륙 후가 더 문제였다. 입국 카드며 세관 신고서를 영어로 작성해야 하는 일도 그렇거니와, 우리가 가는 휴양지는 출국 전날 그 나라 관광청 사이트에 접속하여 큐알 코드가 새겨진 온라인 확인증을 발급받아 입국 심사 때 보여줄 것을 요구했는데, 부모님이 그것을 하실 수는 없으니 먼저 출국한 내가 해외에서 대신 처리해야 했던 것이다. 휴양지 숙소의 와이파이가 불안정하여 실패를 거듭한 끝에 간신히 발급을 받기는 했다. 그것을 부모님께 카톡으로 전송하고 인터넷 전화를 걸었다.

일단 확인증 파일을 다운받으세요. 다운받는다고? 네. 갤러리에 저장하시고…… 갤러리? 그게 어디 있는데? 다운받는 건 어떻게 해? 하여 난데없이 파일 다운로드법 특강이 시작되었다. 그런데 왜 다운받아야 해? 그냥 이 카톡 화면을 보여주면 되지. 아, 그건 불가능해요. 공항에 와이파이가 없어서요. 그래? 와이파이가 없으면 이게 없어져? 아뇨, 없어지진 않아요. 그럼 왜 보여주는 게 불가능해? 휴양지 밤하늘에는 별이 많고

이 내 가슴에는 수심이 가득한 그런 밤이었다.

그러나 어쨌든 마중 나간 공항에 부모님은 무사히 도착하셨다. 고생하셨어요. 입국 심사 힘드셨죠? 아니. 부모님은 대수롭지 않다는 듯 대꾸하셨다. 옆에 있는 사람들이 도와줬어. 다 한국인들이더라고. 우린 비행기 탈 때부터 내릴 때까지 뭐든지 다 물어봤어.

그것이 왕도였다. 모르면 물어보라. 내가 얼마나 고지식하고 매사에 걱정만 많은 인간인지 이곳 휴양지에서 다시 한번 깨닫는다.

붕어빵을 사러 갔다가

 아이가 갑자기 붕어빵을 먹고 싶다고 했다. 그걸 어디 가서 사나 곰곰이 생각하다가 일단 동네 재래시장에 가보기로 했다. 시장 나들이는 실로 오랜만이었다. 집에서 마을버스로 오 분 거리에 있는데도 온라인 마트에서 장 보는 습관이 든 탓에, 게다가 날이 추워지니 외출을 삼가게 되면서 최근 두어 달은 더더욱 발걸음할 일이 없었던 것이다.
 시장으로 들어서자 채소 가게가 눈에 띄었다. 옳거니 하고 당근과 애호박을 샀다. 내친김에 그 옆 반찬 가게에서 갓 구운 김을 사고 그 앞 과일가게에서 특가로 판매하는 딸기도 샀다. 아이는 아이대로 쌀집에서 진열해놓은 소금이 종류별로 굵기가 다르다며 흥분해서 조잘거리다가 곧이어 떡집 주인이 기다란 가래떡을 도마에 올려놓고 한석봉 어머니처럼 능숙하게 칼로 써는 것을 넋 놓고 구경하느라, 오히려 내가 이제 그만 붕어빵 사러 가자고 채근해야 했다.

우리는 붕어빵 찾아 시장 구석구석을 누볐다. 그러다 우연히 발견한 것이 인형뽑기방이었다. 교복 차림의 여학생들 셋이 깔깔거리며 인형을 뽑고 있었다. 학생들은 초반에 몇 번 실패했지만 금세 줄줄이 인형을 뽑았다. 아이가 저도 해보고 싶다고 나섰다. 우리는 한 판씩 번갈아 가며 스틱을 쥐었다.

순식간에 오천 원을 잃었다. 별안간 아이가 저도 인형을 갖고 싶다며 소리 내어 울기 시작했다. 나는 다음에 다시 해보자고, 그때는 꼭 성공하자고 달랬다. 소용이 없었다. 여기서 이렇게 시간을 허비하다가는 붕어빵을 못 살 수도 있다고 겁을 주었다. 그래도 아이는 계속 울었다.

그때였다.

"저기요, 이거 아이 주세요."

언제 다가왔는지 여학생 하나가 토끼 인형을 내밀었다. 아니라고, 괜찮다고 놀라 손사래를 쳤지만 학생은 자긴 필요없다며 아이에게 기어이 토끼 인형을 안겨주었다. 금세 헤벌쭉 웃음 짓는 아이 옆에서 내가 계속 곤혹스러워하자 다른 여학생이 웃으며 거들었다.

"진짜 가지셔도 돼요. 저희는 인형이 갖고 싶어서 뽑은 게 아니라 그냥 인형 뽑는 게 재밌어서 뽑은 거예요."

뜻밖의 선물을 품에 안은 아이와 함께 마침내 붕어빵 파는 곳을 발견한 것은 인형뽑기방을 나온 직후였다. 그러나 이를 어쩌랴. 하필이면 재료가 방금 다 떨어져서 오늘은 장사를 그만 접는다는 것이 아닌가. 아이가 말했다.

"괜찮아, 엄마. 나는 붕어빵 먹고 싶어서 온 게 아니라 그냥 붕어빵 사러 다니는 게 재미있어서 온 거야."

역시, 아이들은 금방 배운다.

호텔에 돈 벌러 갔어요

 엊그제 일이 있어 지방 호텔에서 외박을 했다. 아이를 친정 부모님에게 맡기고 나 혼자 갔는데, 일 때문이기는 해도 아이 없이 나 혼자 집에서 멀리 떨어진 곳에서 하룻밤 잔다는 것이 출산 후 팔 년 만에 처음이라 잔뜩 들떴다. 뭘 할까. 바닷가를 산책할까. 전망 좋은 카페에서 느긋하게 커피를 마실까. 노래방에 가서 노래나 실컷 부를까. 하고 싶은 일의 목록이 길었으나 그것들을 떠올리면서 얻은 결론은 내가 정말 하고 싶은 것은 아무것도 안 하기라는 사실이었다.

 그래서 호텔방에서 빈둥거리며 누워 있었다. 방은 따뜻하고 노트북으로 틀어놓은 음악은 감미롭고 창가에 놓인 탁자에는 초콜릿 비스킷과 커피가 있으니 이미 완벽한데, 화룡점정으로 창밖에는 탁 트인 바다가 있었다. 이보다 더 좋을 수는 없다며 나는 콧노래를 흥얼거렸다. 아무것도 하지 않는데 내가 나를 위해 대단히 중요한 무엇인가를 하고 있는 듯 충만한 느낌이 든다니 실로 경이로웠다. 그 평화와 지복의 순간을 깬 것은 한 통의 전화였다.

시어머니였다. 내가 집을 비운 것을 알고 계셨던 어머니가 아이에게 안부 전화를 하셨는데, 녀석이 고자질하듯 말했단다. 엄마는 집에 없어요. 호텔에 돈 벌러 갔거든요. 돈을 벌려면 호텔에서 하룻밤 자고 와야 한대요. 시어머니와 나는 동시에 웃음을 터뜨렸다. 녀석의 말은 구구절절 옳았다. 세부가 생략되었을 뿐 핵심은 내가 일러준 그대로였다. 그런데도 어머니와 내가 웃을 수 있었던 것은 '엄마는 돈 벌러 호텔에 갔다'는 표현이 자연스럽게 상기시키는 정황이 있기 때문이다. 말하자면 편견이, 고정관념이 우리를 웃게 한 것이었다.

그러고 보니 그날 낮에도 비슷한 일이 있었다. 일 관련하여 누군가를 만나야 했는데 초면인 그에 대해 알고 있는 것은 이름뿐이었다. 순정만화 여자 주인공에게 흔히 쓰일 법한, 선형적으로 예쁜 이름이었다. 나는 약속 장소에 도착해 있다는 그 여성을 찾지 못해 헤맸는데, 찾고 보니 그는 체격이 크고 인상도 험한 남자였다. 이름 때문에 오해를 많이 받는다며 개명할까 고민한 적도 있지만 사람들과 이름 때문에 웃어서 좋고 사람들이 자기 이름을 절대 잊어버리지 않아 좋다며 그는 사람 좋게 웃었다.

용건 이야기를 끝내고 우리는 이런저런 잡담을 나누었다. 내가 아이 이야기를 했는데 집중해서 듣고 있던 그가 깜짝 놀라며 되물었다. 아, 여자아이였어요? 전 여태 남자아이를 상상하고 있었네요. 태권도를 배운다고 해서서. 나도 사람 좋게 웃었다.

창밖의 빗물 같은 것

 카페에 앉아 있는데 스피커에서 귀에 익은 멜로디가 흘러나왔다.
 이 밤 왠지 그대가 내 곁에 올 것만 같아……
 자그마치 삼십여 년 전에 유행했던 옛 가요, 양수경의 〈사랑은 창밖의 빗물 같아요〉였다. 그 노래가 대중에게 큰 사랑을 받던 당시 나는 중학생이었다. 나도 그 곡을 좋아했다. 그러나 좋아하면서도 한편으로는 늘 마음 한쪽이 떨떠름했는데, 그 까닭인즉 제목의 의미를 이해할 수 없어서였다. 사랑이 창밖의 빗물 같다니, 어째서? 어떻게?
 이를테면 그보다 조금 앞서 유행했던 원준희의 노래 〈사랑은 유리 같은 것〉을 이해하는 데는 아무 문제가 없었다. 가사에도 친절하게 나온다. 사랑은 아름답게 빛나지만 깨지기 쉽다는 점에서 유리 같다고 말이다. 그런 비유는 직독직해가 가능하다. 원관념 '사랑'과 보조관념 '유리' 사이에 유사성이 충분하기 때문이다.

그러나 '사랑'과 '창밖의 빗물'은 다르다. 둘 사이에 대체 어떤 유사성이 있는가? 나는 가사를 수십 번 곱씹으며 수수께끼를 풀고자 애썼다. '그저 지난 세월이 내리는 빗물 같아요'라는 대목에는 쉽게 동의했다. 세월도 흐르고 빗물도 흐르니까 말이 된다 싶었다고 할까. 문학적 감수성도 창조적 상상력도 전무하다시피 했던 그 무렵의 내가 가사를 이해하는 방식이란 그다지도 단순하고 편협한 것이었다.

그때 그 곡이 흘러나오는 카페에서 이제 나는 삼십 년 세월을 건너뛰어 다시금 제목을 이해하려고 해본다. 어째서인지 금방 이해가 된다. 일일이 설명하기는 어려워도 사랑이 창밖의 빗물 같은 거 맞구나, 그럴 수 있겠구나 싶다. 상상력이나 감수성이 부족하기는 지금도 별반 다를 바 없는데 전에 몰랐던 것을 이제는 안다면 그것은 나이가 들어서일까. 아니면 이제는 비유에 대해, A의 의미를 더 효과적으로 전달하기 위해 고전적인 방식으로 바로 옆의 B나 C를 가져오는 것이 아니라 A에서 한없이 멀리 떨어져 있는 R이나 W, 혹은 더 나아가 아무 상관도 없어 보이는 ㄹ, ㅂ, ㅋ을 끌고 오는 것, 로트레아몽의 너무 유명해서 진부한 표현을 빌리자면 수술대 위에서 재봉틀과 우산을 만나게 하는 것, 그것의 미학적 효과에 대해 조금은 귀동냥한 바가 있기 때문일까. 아마 둘 다일 것이다.

  어쨌거나 그러므로 사랑은 유리 같은 것이기도 하고 창밖의 빗물 같은 것이기도 하다. 아니, 무엇이든 가능할 것이다. 미세먼지 같은 것, 요가 매트 같은 것, 토요일 오전 같고 꽝 나온 복권 같고 툭하면 재발하는 역류성 식도염 같은 것. 만약 이런 제목의 노래들이 만들어진다면 요즘 중학생들은 어떻게 해석할까 문득 궁금해진다.

여기는 나폴리

 친구와 여행을 가기로 했다. 그도 나도 코흘리개 아이들을 동반하고 가야 했으니 그것을 과연 진짜 여행이라 할 수 있을까 하는 문제는 접어두고 일단 목적지부터 정해야 했다.

 우리는 제주에 가고 싶었다. 경주에도 가고 싶었다. 통영도 좋고 구례도 좋고 남해도 좋았다. 그러다가 그리스를 떠올렸고 이집트와 태국, 호주며 스위스며 이탈리아 등등 형편상 갈 수 없는 곳들까지 이곳저곳 죄다 읊어댔다. 하지만 난상토론 끝에 내린 결론은 어디든 좋다는 것이었다. 네가 정하면 무조건 따를게. 나는 친구에게 결정권을 넘겼다. 그가 호기롭게 외쳤다. 좋아, 그럼 춘천으로 가자.

 춘천? 춘천은 친구와 내가 중고등학교를 다닌 곳이었다. 게

다가 둘 다 친정이 거기 있어 이래저래 갈 일이 잦았다. 그런데 그에게도 나에게도 고향이나 다름없는 그곳에 생뚱맞게 여행을 가자니, 뭐랄까 마치 교환학생 프로그램을 자신의 학교로 떠나는 격 아닌가. 그러나 결정권을 넘겼으므로 군말 없이 동의했다. 춘천이 매력적인 여행지인 것만은 부인할 수 없는 사실이지 하고 스스로를 설득하면서.

알고 보니 그렇게 설득할 필요도 없었다. 춘천에 도착한 직후 친구는 말했다. 자, 일단 아이들을 친정에 맡기고 오자. 딱 네 시간만. 그는 현명했다. 돌봄 노동에서 해방되는 것이야말로 여행의 가장 절실하지만 가장 충족하기 어려운 조건이요, 그것이 가능한 유일한 여행지가 춘천이었던 것이다.

나아가 그에게는 더 큰 그림이 있었다. 우리 눈앞에 펼쳐진 익숙한 풍경, 그러니까 익숙한 건물과 익숙한 도로와 익숙한 간판 들을 둘러보는가 싶더니 친구는 대뜸 제안했다. 이제부터 이곳을 이탈리아라고 생각하자. 음, 어디가 좋을까. 나폴리 어때? 이게 무슨 소리인가 싶어 그를 멀뚱히 쳐다보았다. 그러거나 말거나 친구는 천연덕스러운 얼굴로 앞장서서 걸었다. 우리 구시가지 관광부터 할까? 어머, 저기 중앙역 뒤로 두오모가 보여!

친구의 시선이 닿아 있는 곳을 바라보았다. 남춘천역 뒤로 커다란 교회 건물이 보였다. 아니, 세계 각국의 여행자들로 붐비는 중앙역 앞 울퉁불퉁한 돌바닥 광장을 가로질러 고색창연한 대성당의 돔이 그 위용을 뽐내고 있었다. 아, 이곳은 나폴리였다.

나는 친구에게 고개를 돌렸다. 우리 점심은 나폴리 피자로 먹자. 친구가 웃으며 대꾸했다. 당연히 그래야지. 후식은 젤라또? 나도 웃으며 대꾸했다. 그래. 카푸치노도 한잔 하고. 그런 다음 우리는 눈앞의 나폴리 도심 속으로 나란히 발을 내딛었다.

저의 장래희망은

초등 2학년생인 딸아이의 학교에서 학부모 참관 수업이 있었다. 작년에도 한 차례 했으나 온라인 화상 형식이었으니 대면으로 진행되는 이번이 실질적인 첫 참관 수업이었다. 아이가 아홉 살이 되도록 딱히 학부모로서의 정체성을 자각하지 못하고 지내던 나는 드디어 내가 학부모 자격으로 뭔가를 하는구나 싶어 긴장 반 기대 반 학교에 갔다.

부모들을 위해 준비했을 동요 합창을 시작으로 스무 명 남짓한 아이들이 담임선생님과 이런저런 문답을 주고받았다. 곧이어 수업의 하이라이트가 시작되었다. 바로 장래희망 발표 순서였다. 아이들 전원이 번호 순서대로 한 명씩 교단으로 나가 자신이 잘하는 것, 자신이 좋아하는 것, 그래서 장차 되고 싶은 것, 이렇게 세 가지를 발표하는 것이었다.

제가 잘하는 것은 사람들 앞에서 노래 부르기입니다. 제가 좋아하는 것은 아이돌처럼 춤추기입니다. 그래서 제가 되고 싶은 것은 아이돌입니다…… 제가 잘하는 것은 태권도 격파입니다. 제가 좋아하는 것은 사범님에게 태권도를 배우는 것입니다. 제가 되고 싶은 것은 태권도 사범입니다…… 다들 어쩌면 저리도 야무지게 말을 잘할까 감탄하고 있는데 마침내 딸아이 차례가 되었다.

"제가 잘하는 것은 친구들 앞에서 시를 읽는 것입니다. 제가 좋아하는 것은 시를 쓰는 것입니다."

나로서는 처음 듣는 이야기였다. 평소 놀이터에서 뛰어노는 것만 좋아하던 녀석이 뜬금없이 웬 시 타령인가. 그러나 어리둥절한 한편으로 나는 저 녀석이 이제 보니 무려 시인 지망생이었구나 싶어 놀랍고 대견한 마음이 컸다. 아이는 씩씩하게 말을 이었다.

"그래서 제가 되고 싶은 것은, 청소부입니다!"

나는 집에 돌아오자마자 아이에게 물었다.

"시 읽기를 잘하고 시 쓰기를 좋아하는데 꿈이 청소부라는 건 좀 이상하지 않아?"

아이가 어깨를 으쓱했다.

"왜? 거리를 청소하는 건 착한 일이잖아."

동문서답이었지만 나는 말을 이었다.

"시 읽기와 시쓰기를 좋아하면 당연히 시인이 되고 싶어야 하는 거 아니야?"

"아닌데? 나는 시는 좋지만 시인 되는 건 싫은데?"

듣고 보니 내 질문이야말로 우문이었다. 사실 어떤 것을 좋아하고 잘한다고 꼭 그것을 장래희망으로 삼으라는 법은 없지 않은가. 멋쩍어진 나는 괜히 아이 머리를 쓰다듬었다.

"그래, 시를 읽고 시를 쓰면서 거리도 깨끗하게 청소한다면 정말 최고로 멋진 청소부겠다, 그치?"

말은 그렇게 했으나 풀리지 않고 남아 있는 이 찜찜함은 뭘까.

사귀자는 말

 학교에서 돌아온 딸아이가 물었다. 엄마, 사귀는 게 뭐야? 나는 대수롭지 않게 되물었다. 그런 말을 어디서 봤어? 책에서? 아니. 오늘 우리 반 어떤 남자애가 나한테 그렇게 말했어. 뭐? 너한테? 나는 순간 당황했지만 대답을 안 할 수는 없었다. 응, 사귄다는 건 그 친구랑 특별히 더 친하게 지낸다는 거야. 단짝 친구 같은 거지. 대답하면서도 혼란스러웠다. 세상에 코흘리개 아홉 살 입에서 사귀자는 말이 나온다니, 뜻을 알고나 하는 말일까.

 있잖아, 체육 시간에 운동장에서 내가 달리기 하려고 줄 서 있는데 걔가 갑자기 나한테 왔어. 그리고 사귀자고 했어. 내가 사귀는 게 뭐냐고 물었더니 그냥 웃기만 했어. 그런 다음 우리

반에서 내가 제일 좋다고 했어. 난 좀 부끄러웠어.

혼란스러운 와중에도 웃음을 참느라 혼났다. 아홉 살 꼬맹이들 이야기라 해도 남의 연애사는, 특히 본격적으로 연애하기 전 이제 막 상대의 존재를 서로 인식할 무렵의 이야기는 참으로 흥미진진하구나 싶었다. 그래서 너는 친구에게 뭐라고 이야기했어? 아이는 방금 전 부끄러웠다던 고백이 무색하도록 박력 있게 대답했다. 나도 우리 반에서 네가 제일 좋다고 했어. 오, 그랬구나. 그 친구는 이름이 뭐야? 아이가 고개를 갸우뚱했다. 이름? 모르는데.

어이가 없어서 결국 웃어버리고 말았다. 말도 안 돼. 반에서 제일 좋다면서 이름도 몰라? 아이는 거침없었다. 왜? 모를 수도 있지. 그리고 제일 좋다는 건 이제부터 그럴 거라는 얘기야. 듣고 보니 말이 안 되는 건 아니었다. 그러면 너는 그 친구가 너 좋다고 하기 전까지는 걔 안 좋아했어? 응. 그러면 이제부터는 왜 좋아하려고 해?

아이는 별 어리석은 소리 다 듣겠다는 듯 나를 흘겨보았다. 엄마는 그것도 몰라? 걔가 나 좋다고 했으니까 나두 이제부터 좋아해야지. 나는 지지 않았다. 아니야. 꼭 그럴 필요는 없어. 둘이 서로 좋아하면 제일 좋겠지만, 친구가 너를 좋아한다고 너도 똑같이 그 친구를 좋아해야 하는 건 아니야. 그러자 아이가 이번에는 세상에서 가장 잔인한 말을 들었다는 듯 서글픈 표정을 지었다. 왜? 어떻게 그래? 그럼 걔가 너무 슬프잖아.

 나는 말을 잇지 못하고 머뭇거렸다. 왜라니. 어떻게 그러냐니. 감정은 물건 주고받듯 남에게 받았다고 나도 똑같이 줄 수 있는 게 아니라는 것을, 그럴 수도 없고 그래서도 안 된다는 것을 어떻게 설명하나. 사람 마음이 원래 마음대로 되지 않음을, 살면서 겪는 대부분의 슬픔이 거기에서 비롯된다는 사실을, 행여 설명한들 아홉 살이 어떻게 받아들일 수 있겠는가. 그보다 수십 년 더 산 나도 아직 받아들이지 못해 이따금 헤매곤 하는데.

네게 줄 수 있는 건 차비뿐

 글 쓰는 후배를 만났다. 오 년 만의 재회였다. 후배는 소설을 발표할 지면이 없고, 책은 팔리지 않고, 그 와중에 소설마저 잘 안 쓰인다는 푸념을 두서없이 늘어놓았다. 나는 뾰족한 해결책도 없이 그저 맞장구를 치며 열심히 들어주기만 했다. 그러다가 헤어질 때가 되었는데 후배가 갑자기 장난스러운 표정으로 물었다. 언니, 지 오늘은 차비 안 줘요?

 그러면서 그는 십여 년 전 자신이 막 등단했을 때의 일을 소환했다. 작가들이 여럿 모인 자리에서 나를 처음 만났는데 헤어질 때 내가 자신을 슬쩍 따라오더니 차비를 주더란다. 막차가 끊긴 시간도 아니어서 웬 차비냐고 묻자 내가 대답했단다. 이래야 한다고 선배에게 배웠어요. 저도 차비를 받으면서요.

그 일이 무척 인상적이었다고 후배는 말했다.

그렇게 근 이십 년 전, 내가 등단하던 해의 일이 소환되었다. 어느 출판사에서 오라기에 갔더니 그야말로 기라성 같은 작가들이 대거 모인 술자리였다. 생짜 신인인 나에게 이런저런 조언과 격려를 해주는 분들도 있었지만 사실 나는 그냥 그들 얼굴을 보고 있는 것만으로도 흠모하는 아이돌을 만난 여중생처럼 신기하고 행복해서 어쩔 줄 모르는 상태였다.

소설가 L이 나타난 것은 술자리가 무르익을 즈음이었다. 전작이 있었는지 이미 취한 상태였던 그는 곧바로 작가들과 어울려 술잔을 기울이다 말고 문득 내게 처음 보는 얼굴인데 누구냐고 물었다. 올해 등단했다고? 그는 쓴웃음을 지었다. 지금은 아무것도 모르고 마냥 좋겠지. 근데 일 년 뒤에도 계속 글 쓰고 있을까? 책 낼 수 있을까? 홍. 어디 두고 보자. 다른 작가들이 웬 악담이냐고 만류할 정도로 그의 말투는 신랄했다.

반전은 내가 그만 집에 가겠노라며 일어섰을 때였다. 그가 조심해서 가라며 대뜸 차비를 내미는 것이 아닌가. 내가 괜찮다며 손사래를 치자 그는 말했다. 글 쓰는 선배는 후배에게 줄 수 있는 게 차비밖에 없어요. 다른 건 못 해주지. 글은 혼자 쓰는 거니까. 그만큼 작가로 살기가 힘들다는 얘기니까 내 말에 혹시라도 상처받지 말고 끝까지 써요.

  그날 나는 택시를 타고 집에 갔다. 막차 시간까지 여유가 있었으나 어쩐지 그가 준 차비를 다른 용도로 쓰면 안 될 것 같아서였다. 지금도 그 일은 어떤 위로나 격려보다도 더 다정하고 강렬한 기억으로 남아 있다. 그러고 보니 그 선배님을 뵙지 못한 지 십 년이 넘었다. 이참에 용기를 내어 안부 전화 한번 드려볼까.

저는 그런 사람 편입니다

며칠 전 문학 특강을 하러 어느 고등학교에 갔다. 여느 때처럼 혼자 강연하는 자리겠거니 생각하고 갔는데 웬걸, 학생들이 이미 무대에 올라 있었다. 그들이 준비한 밴드 연주며 연극 공연이 너무나 흥미진진하여 나는 그 자리에 간 애초의 목적도 잊고 오직 관객으로서의 역할에 몰두했다. 연극 다음은 낭독 무대였다. 문예반 학생들이 각자 써온 글을 읽었다. 하나같이 문장 수련이 잘되어 있고 묘사가 섬세하면서도 힘있는데다 저마다 제 식대로 자신의 글을 장악하고 있어 낭독에도 거침이 없었다.

그런데 지금 이 장면, 어디서 봤더라. 갑자기 이상한 기시감이 들었다. 비슷한 무대를 전에도 본 것 같은데. 언제 어디서였는지 기억이 나지 않았다. 낭독이 끝났다. 진행을 맡은 학생이 나를 불렀다.

"작가님, 낭독 어떻게 들으셨나요? 소감 한말씀 부탁드려요."

아, 순간 기억이 났다. 언제였는지 어디서였는지도.

그러니까 저 까마득한 학창 시절, 내가 다니던 고등학교에서였다. 작가 초청 문학의 밤 행사가 열린 날이었다. 선생님의 권유로 나는 몇몇 친구들과 낭독에 참가했다. 그때 내가 읽은 글은 허먼 멜빌의 『백경』 독후감이었다. 열심히 쓴다고 썼지만 변변찮은 글이었다. 낭독을 하는 동안 얼굴이 점점 뜨거워졌다. 장래희망이 작가였음에도 글을 쓰면 쓸수록 재능이 없다는 회의가 들어 늘 괴로웠는데 그날이라고 다를 리 없었던 것이다. 낭독이 끝나고 초청 작가가 연단에 올랐다. 작가는 먼저 낭독을 지켜본 소감을 털어놓았다. 어떤 시가 새롭고 어떤 산문이 아름다웠는지 조목조목 이야기하더니 잠시 말을 멈추고 탁자에 놓인 물을 마셨다. 그리고 다시 말을 이었다.

"하지만 가장 인상적이었던 것은 백경 독후감을 읽은 학생이었습니다. 잘 쓰고 못 쓰고를 떠나 그 학생은 글을 전부 외우고 있더군요. 손에 든 원고를 가끔 들여다보긴 했지만 그건 자기가 맞게 읽고 있나 한 번씩 확인해보는 거였습니다."

나는 숨을 죽였다.

"그 학생은 글을 일부러 외운 것이 아닙니다. 그게 정말 자기 글이라서, 자꾸 들여다보고 고치고 또 고치면서 혼을 다해 썼기 때문에 저절로 기억하게 되었던 겁니다."

모두 숨을 죽였다.

나는 더욱 뜨거워진 얼굴을 어찌지 못하고 고개를 푹 수그렸다. 작가란 원래 저런 존재일까. 남들이 알아차리지 못하는 것을 혼자 눈 밝게 알아보고 네 마음 다 안다고, 괜찮다고, 넌 잘하고 있다고, 그렇듯 다정하게 말을 건네주는 사람인 것일까.

나는 실제로 원고를 전부 외우고 있었다. 물론 일부러 외운 것이 아니었다. 글에 자신이 없어서 자꾸 읽고 고치고 다시 읽고 고치기를 반복하다보니 저절로 외워졌던 것이다.

"저는 그런 사람 편입니다. 혼을 다해 쓰는 사람, 자기 글에 정말로 애정을 갖고 다 쏟아붓는 사람. 그런 사람이 나중에 작가가 되는 겁니다."

세상에서 그보다 더 감동적인 말은 들어본 적이 없는 것 같았다. 고개를 숙인 채 나는 생각했다. 정말 작가가 되어야겠다고. 저토록 근사한 격려를 해준 사람의 기대를 저버릴 수는 없다고. 황송하게도 먼저 내 편이라고 말해준 사람을 실망시키면 안 되는 거라고. 심호흡을 했다. 이제 고개를 들어야지. 작가 선생님을 똑바로 바라보며 인사해야지. 고맙습니다. 방금 그 말씀 잊지 않을게요. 꼭 훌륭한 작가가 될게요. 그렇게 눈으로 말씀드려야지.

고개를 들었다. 무대 위에서 방금 낭송을 마친 학생들이 또랑또랑한 눈으로 나를 주시하고 있었다. 아주 오래전에 내가 받았던 것을 이제 그들에게 돌려줄 차례였다.

그때도 틀렸고 지금도 틀렸다

    십여 년 전에 출간했던 장편소설을 개정판으로 다시 출간하고 싶다는 출판사의 연락을 받았다. 내가 기꺼이 동의하자 출판사에서는 조판 전에 수정하고 싶은 부분이 있는지 확인해달라며 초판 원고 파일을 보내왔다. 그것이 작년 가을의 일이다. 담당 편집자는 내년 봄에 책을 출간할 계획이라 아직 몇 달의 시간이 있으니 천천히 살펴봐달라고 했다.

    가을에서 겨울 사이, 나는 일없이 바쁘기도 했고 쓸데없이 아프기도 해서 원고를 제대로 들여다보지 못했다. 게다가 이미 출간된 소설이니 심각한 오류가 발견되지 않는 이상 내용을 뜯어고칠 수도 없고, 또 내용을 고치는 것이 아니라면 딱히 수정할 부분이 뭐 그리 많겠는가 안일하게 생각한 탓도 있다. 그렇게 해가 바뀌었다. 올해 1월, 편집자가 이제 곧 편집을 시작하려 한다며 원고에 수정할 부분이 있는지를 물어왔다. 나는 여전히 여유만만했다. 본격적으로 원고를 들여다보면 이삼일 안에 끝나리라는 계산이 있어서였다.

  그러나 그 이삼일은 일주일이 되고 열흘이 되고 보름이 되었다. 내가 게을러서도 바빠서도 아니었다. 막상 뚜껑을 열어보니 상황이 심각해서였다. 등장인물들의 대사나 사고방식에 심각한 오류가 적잖이 있었던 것이다. 까마득한 십오 년 전에 쓴 소설이라고 해도 당시 나의 성인지감수성이, 특히 성역할에 대한 관념이 그렇게나 삐뚤어져 있었을 줄은 정말 몰랐다. 그때는 다들 그랬다고, 그런 사유나 표현들이 아무 문제도 안 되었을 시기라고 나를 위로하는 편집자의 말이 귀에 들어오지 않을 만큼 참담했다. 여자들은 취직 못하면 시집이라도 갈 수 있으니 좋겠다며 부러워하는 남성, 남자들은 하나같이 어리고 예쁜 여자만 좋아한다며 자신의 외모를 비관하는 여성, 그들이 아무렇지도 않게 내뱉는 일차원적이고 폭력적인 대사들 앞에서 나는 망연자실해 있었다.

  그것들을 전부 하나하나 수정했다. 수정하면서도 여러 번 좌절했는데, 그것은 단순히 문장 표현을 몇 군데 고치는 것으로 문제가 완전히 해결될 수는 없음을 시시각각 확인해야 했기 때문이다. 아직도 시중에 판매되고 있는 초판의 내용을 훼손하지 않으면서, 인물들의 캐릭터와 그들의 관계를 왜곡하지도 않으면서 표현만 다듬는다는 것은 사실 어불성설이었다. 전부 지우고 완전히 새로 쓰기 전에는 불가능한 일이었다. 물론 전부 지우고 완전히 새로 쓰는 것도 불가능한 일이었지만.

결국 나는 나와 타협했다. 적당히 지우고 적당히 고치는 선에서 물러났다. 그때도 틀렸고 지금도 틀렸다던 누군가의 말이 새삼 뼈아프게 떠오른다.

나 같은 어른을 위한 동화

 기차 출발 시간까지 여유가 있어 햇볕 잘 드는 역 광장 벤치에 앉았다. 평일 아침이라서인지 광장에는 오가는 사람이 드물었고 비둘기들만 부리로 바닥을 쪼며 분주히 돌아다니고 있었다. 이어폰을 귀에 꽂고 휴대폰으로 음악을 재생시키려고 하는데 비둘기들밖에 없던 시야에 조그만 운동화를 신은 두 발이 등장했다.

 운동화의 주인은 대여섯 살쯤 되어 보이는 여자아이였다. 아이는 두 팔을 벌린 자세로 한없이 채도 높은 웃음소리를 사방에 흩뿌리며 비둘기를 쫓아다녔다. 귀여운 여자아이외 비둘기라. 동화의 한 장면 같았다. 그러나 한번 허공으로 내쫓긴 비둘기는 바닥으로 다시 내려오지 않았고 아이는 풀죽은 얼굴이 되었다. 그나저나 아이 부모는 왜 안 보이나 싶어 주위를 둘러보던 때였다.

"아저씨가 비둘기 불러줄까?"

퍼뜩 고개를 돌렸다. 언제 왔는지 아이 뒤에 노숙자임이 틀림없는 행색에 인상마저 험악한 사내가 서 있었다. 그가 빵 부스러기를 바닥에 뿌렸다. 순식간에 비둘기들이 모여들었다. 아이가 흥분하여 소리를 질렀다. 사내가 아이 옆으로 바싹 다가섰다. 빵 부스러기를 나눠주려는 모양이었으나 나는 좌불안석이었다. 설마 백주대낮에 이런 공공장소에서 별일 있으랴 싶으면서도 언제 어디서 어떤 일이 일어나도 놀랍지 않을 만큼 온갖 사건 사고가 빈발하는 세상 아닌가 싶어서였다.

부모가 안 보이니 여차하면 나라도 나서야겠다는 마음으로 사내와 아이를 주시하고 있는데, 저만치 역 앞에서 줄곧 전화 통화중이던 젊은 여자가 갑자기 이쪽을 향해 손을 흔들었다. 그것을 본 아이가 울상을 지었다.

"에이, 엄마가 오래요."

하지만 그 직후 아이는 제가 언제 울상이었냐는 듯 함박웃음을 지으며 사내에게 머리를 숙였다.

"비둘기 불러주셔서 고맙습니다!"

그렇게 아이가 가고 나서도 사내는 아무 일 없었다는 듯 빵 부스러기를 바닥에 뿌렸다. 몇 분이 흘렀을까. 뜻밖에도 아이가 돌아왔다. 제 엄마와 함께였다. 아이가 카스테라 봉지를 사내에게 건넸다.

"이건 비둘기 주지 말고 아저씨 먹어요."

엄마가 얼른 아이의 말을 정정했다.

"먹어요가 아니라 드세요 해야지."

"아이고, 아니야, 괜찮아."

사내가 험악한 인상에 어울리지 않게 온화한 미소를 지었다. 아이가 웃고 엄마도 웃었다. 그 비현실적으로 정감 넘치는 서사를 본의 아니게 처음부터 끝까지 다 보아버린 나도, 마음속으로 따라 웃었다.

오래전 오늘 우리는

옛 친구가 오랜만에 전화를 걸어왔다. 신문에서 우연히 과거의 오늘 어떤 주목할 만한 일이 있었는지 조명하는 기사를 보다가 문득 그해의 그날 자신에게도 특별한 사건이 있었음을 깨달았단다. 자연히 그 일을 함께 겪은 인물의 안부가 궁금해졌고 그래서 나에게 전화를 걸었단다. 아, 그게 오늘이었나. 내가 친구의 비상한 기억력에 화들짝 놀라자 친구는 나무라듯 말했다. 그게 뭐가 놀랍니. 우리가 그런 미친 짓을 했다는 게 놀랍지.

그해 우리는 고등학교 3학년이었다. 당시 우리가 다녔던 여자고등학교 운동장 한복판에는 거대한 목백합 교목이 있었다. 그것에 얽힌 여러 괴담 중 우리 호기심을 특히 자극하는 것은 밤 열두시 정각에 나무 꼭대기에서 반짝이는 눈동자를 발견하면 대학에 합격한다는 설이었다. 실로 황당하기 짝이 없는 그 헛소리를 당시 우리는 의심하면서도 믿었고 무시하면서도 기대했다.

그러다가 어느 날 직접 확인해보기로 했다. 문제는 자정 전에 교문이 잠긴다는 것이었다. 우리는 학교에서 아예 하룻밤 자기로 했다. 부모님께는 친구 집에서 자겠다고 거짓말했다. 밤 열시, 아무도 없는 한밤의 운동장을 가로질러 낮에 우리가 수업을 들었던 교실로 잠입했다. 책상과 걸상을 밀어 바닥에 누울 공간을 만들고 담요를 깔았다. 각자 가방에서 베개와 손전등과 탁상시계와 화장지와 물과 초콜릿과 비스킷 따위를 꺼내며 즐거워하는 것도 잠시, 우리는 곧 공포에 질렸다. 캄캄한 복도 어디에선가 끊임없이 괴이한 소음이 들려왔기 때문이다. 소사 아저씨일까. 침입자일까. 귀신일까. 우리는 손전등을 켰다가, 정체 모를 손재가 불빛을 보고 우리를 찾아낼까봐 껐다가, 어둠이 무서워 다시 켜기를 반복했다.

얼마를 그러고 있었을까. 한 시간쯤 지난 것 같아서 탁상시계를 보면 겨우 오 분이 지나 있었다. 원래 계획은 교실에서 과자 먹으며 수다 떨다가 자정이 되면 운동장으로 나가 목백합의 눈동자를 본다, 그러고는 다시 교실로 가서 자다가 새벽에 교문이 열리면 집으로 돌아간다는 것이었다.

하지만 천만의 말씀. 과자라니. 수다라니. 우리는 아무것도 하지 못했다. 억겁 같은 두 시간이 흐르고 마침내 자정이 되었으나 그 자리에서 한 발짝도 떼지 못했다. 그렇게 날이 밝았다. 여명 속에서 다시 운동장을 가로질러 교문으로 향하며 목백합나무 꼭대기를 흘깃거리기는 했던가. 거기 정말 반짝이는 눈동자 같은 것이 있었다 한들 우리가 그것을 제대로 포착할 수나 있었을까.

그래도 이처럼 먼 훗날 그 시간을 돌아보며 우리가 그때 그런 미친 짓을 했지, 하고 웃을 수 있는 소재가 되어주었으니 그것으로 족하다.

가루만큼 아파요

 에세이 원고를 쓰는 중이었다. 딸아이가 다가와 놀아달라고 졸랐다. 하지만 마감이 코앞이요, 가뜩이나 글이 안 풀려 전전긍긍하던 참이라 그럴 여유가 없었다. 토라진 아이는 내 옆에서 혼자 놀기 시작했다. 그러다 쿵 소리가 나기에 돌아보았더니 책장에 부딪혔는지 아이가 울상을 하고 제 머리통을 문지르고 있었다. 얼른 아이에게 다가앉았다.

 "괜찮아?"

 "아파."

 "많이 아파?"

 "아니."

 "그럼 얼마큼 아파?"

"가루만큼."

맙소사. 가루만큼 아프다니. 어떻게 이런 엉뚱한 수식어를 쓰는가. 조금 아파, 하나도 안 아파, 하고 정도를 나타내는 부사 대신 아이는 제가 아는 가장 작은 사물일 가루를 가져다 붙였다. 그 비유가 적절한지 아닌지 판단을 떠나 그 낯설음이 나를 즐겁게 했다.

일찍이 보르헤스는 주장했다. 새롭고 낯선 은유는 잠깐 놀라움을 줄 수 있지만 어떤 깊은 감정을 불러일으키지는 못한다고. 가장 훌륭한 것은 오래전부터 쓰여온 익숙한 은유라고. 서머싯 몸도 "상투적인 표현만큼 그 상황을 가장 적절하게 묘사하는 것은 없다"고 했다. 상투적이지만 적절한, 혹은 적절하기 때문에 누구나 늘 쓰다보니 자연히 상투적이 된 표현들이 가지는 힘이 분명히 있는 것은 사실이다.

그러나 항상 그렇다고 할 수는 없다. 예컨대 사랑의 은유로 '큐피드의 화살'이 있고 기차의 은유로 '철마'가 있다. 문학 작품에서 찾자면 김동명 시의 "내 마음은 호수요" 같은 표현이 있을 것이다. 모두 적절하고 자연스러운 비유들이다. 그러나 그것들이 독자에게 어떤 깊은 감정을 일으키는가. 2023년 문학 작품에서 큐피드의 화살에 맞았다거나 철마는 달리고 싶다거나 내 마음은 호수요 같은 표현을 발견한 독자가 어떤 미적 울림을 받겠는가. 오히려 그런 진부한 표현이 수십 년째 아무렇지도 않게 쓰이고 있다는 사실에 충격을 받지 않을까.

　새롭고 낯선 은유를 보르헤스는 '일종의 재주 부리기'라고 폄하했지만 사실 그 재주야말로 중요한 것이다. 작품의 미학적 가치가 그 재주에 의해 결정되기도 하는 것이 언어의 집인 문학 작품의 숙명 아닌가. 어떤 재주는 너무 압도적이라 짧은 한 문장이 작품 전체 줄거리에 맞먹는 무게를 지니기도 한다. 이를테면 하이네의 시에서 행복과 불행을 묘사한 "행복은 바람기 많은 창부, 결코 내 곁에 오래 머물러주지 않는다. 그러나 불행은 긴 겨울밤 내 머리맡에서 영원히 떠나지 않을 것처럼 뜨개질을 하고 있다"라든가 카프카의 "책은 우리 안에 얼어붙은 바다를 깨는 도끼" 같은 표현들. 그 시의 전체 맥락이 어떤 것이었는지, 그 산문의 핵심 내용이 무엇이었는지는 정작 기억에 없다. 그 글들에서 나의 내면을 건드린 것은 줄거리가 아니라 표현이었기 때문이다. 누구나 다 아는 고전적 은유 '책 속에 길이 있다' 앞에서 독자는 멈추지 않지만 카프카의 문장 앞에서는 문득 멈추게 된다. 그 새로운 은유를 충분히 음미하고 그것에 공감한 다음 마침내 탄복하기 위해서.

새롭고 낯선 은유는 실패할 가능성이 높다. 성공하더라도 잠깐 놀라움을 주는 데 그칠 수 있다. 그럼에도 시도하는 행위는 값지다. 인간은 가진 데 만족하고 안주할 때보다 아직 갖지 못한 것, 혹은 갖고 싶은 것을 추구할 때 앞으로 나아갈 수 있기 때문이다. 그렇게 생각하며 나는 가루만큼 아프다는 아이의 머리를 조심스럽게 문질러주었다.

젊고 아름다운 말

    지하철역 입구에서 거리로 나서려는 순간 비가 쏟아지기 시작했다. 우산 없이 맞을 만한 비가 아니었고 하필 내게는 우산이 없었다. 그나마 환승할 버스 정류장이 바로 몇 발짝 앞이니 그리로 뛰어가면 되겠다 싶어 기회를 노리고 있는데 문득 옆에서 탄식이 들려왔다. 돌아보니 한 여자가 손에 시장바구니를 들고 품에는 갓난아기를 안은 채 서 있었다.

    나야 후닥닥 뛰어가면 그만이지만 아이 엄마는 그럴 수도 없을 텐데 어쩌나. 내심 그가 걱정되었다. 우산을 가진 사람들이 위풍당당하게 거리로 내려서는 것을 나는 밀거니 바라보기만 했다. 그때였다. 어디서 튀어나왔는지 반팔 교복 차림의 여학생이 아이 엄마에게 우산을 내밀었다. 이거 쓰세요. 저는 집이 바로 앞이에요. 아이 엄마가 고개를 저었다. 어머, 아니에요. 그러다 감기 걸려요. 여학생이 웃으며 대꾸했다. 괜찮아요. 저는 완전 젊잖아요.

어쩌면 말을 저리도 예쁘게 할까. 그냥 젊은 것도 아니고 완전 젊다니. 아이 엄마에게 떠넘기듯 우산을 건네고 빗속으로 뛰어드는 여학생의 뒷모습을 보고 있으려니 오래전 기억이 떠올랐다.

내가 대학생일 때였다. 엄마와 함께 설악산에 올랐다. 애초의 계획은 당일 하산이었는데 엄마가 예상보다 너무 힘들어해서 자주 쉬다보니 정상에 닿기도 전에 해가 저물었다. 다행히 가까운 곳에 숙박 가능한 산장이 있었다. 예약제로 운영되는 곳임은 알고 있었지만 설마 두 사람 잘 자리가 없으랴 싶었다.

없었다. 정해진 인원 외 수용이 불가능하다니 어떻게든 끼어 자게 해달라고 떼를 쓸 수도 없었다. 망연자실하여 창밖을 내다보는데 설상가상으로 비까지 내리기 시작했다. 엄마가 더는 움직일 수 없다며 마룻바닥에 주저앉았다. 내가 이러지도 저러지도 못하고 난처해할 때였다. 등산복 차림의 청년 두 명이 우리에게 다가왔다. 저희가 예약한 자리에서 주무세요. 저희는 지금 하산해도 됩니다. 엄마가 손사래를 쳤다. 아이고, 이 시간에 하산을 어떻게 해요? 비도 오는데. 청년들이 웃으며 대꾸했다. 괜찮아요. 저희는 아직 젊잖아요. 그러고는 우리가 만류할 틈도 없이 산장 출입문을 열고 빗속으로 나가버렸다.

그때도 그 젊다는 말이 참 예쁘게 들렸는데. 사실 젊기로는 당시 대학생이었던 내가 그들보다 더 젊었을 텐데. 약자를 배려하면서 상대가 무안해하지 않도록 전가의 보도처럼 휘두를 수 있는 '젊다'는 말은, 그 말을 거침없이 꺼내는 사람의 마음은 얼마나 젊고 아름다운가.

깊고 컴컴한 동굴 속으로

 아이의 책가방을 싸다가 문득 숙제 공책을 펼쳐보았다. 펼쳐진 장에 삐뚤빼뚤한 아이 글씨로 질문과 대답이 적혀 있었다. 질문은 한 줄이었다. 내가 좋아하는 것은? 대답은 1번부터 3번까지 있었다. 1번, 젤리 먹기. 2번, 카페 가기.
 한숨이 나왔다. 젤리라니. 카페라니. 어려운 낱말도 아니거니와 좋아한다면서, 좋아하면 더 잘 알고 더 잘 기억하기 마련이건만 맞춤법을 이 지경으로 써놓다니. 그러나 더 어처구니없는 대답은 3번이었다. 동굴 가기. 아니나 다를까. 그 바로 아래에 담임선생님의 피드백인 듯 반듯한 어른 글씨로 한 문장이 덧붙여져 있었다. 무슨 동굴? 그러게. 나야말로 묻고 싶었다. 대체 무슨 동굴?

사나흘 전이었을 것이다. 아이가 자신이 좋아하는 것에 대해 써가는 숙제가 있다고 했을 때 나는 평소와 달리 이번에는 엄마와 상의 없이 혼자 힘으로 한번 해보라고 했다. 아이는 하기 싫다, 생각이 안 난다, 못 하겠다 떼를 쓰더니 내가 계속 외면하자 결국 혼자 한 모양이었다. 어쨌든 숙제를 했으니 다행이지만 그래도 이렇게 엉망으로 했을 줄은 몰랐다. 젤리에다 카페에다 뜬금없이 동굴이라니. 동굴 근처에도 못 가봤으면서.

나는 아이에게 공책을 보여주며 물었다. 이것 좀 봐봐. 네가 좋아하는 게 젤리 먹는 거랑 카페 가는 거랑 동굴 가는 거야? 아이가 고개를 끄덕였다. 그래, 젤리 좋아하는 건 엄마도 알아. 시원한 카페에서 아이스크림 먹는 것도 좋아하고. 그런데 동굴 가는 건 뭐야? 너 동굴 가본 적 없잖아.

어휴 참, 엄마, 그건 진짜 동굴이 아니고 이야기의 동굴이야. 나는 더욱 어안이 벙벙했다. 그게 무슨 소리야? 엄마가 밤에 잘 때 매일 나한테 재미있는 이야기 들려주잖아. 나한테는 그게 꼭 이야기의 동굴 같거든. 아이는 진지했다. 나도 진지한 어조로 되물었다. 좋아, 그러면 이야기의 바다라고 해도 되고 이야기의 들판이라고 해도 될 텐데 왜 동굴이라고 했어? 응. 이야기를 듣다보면 내가 점점 더 깊고 컴컴한 곳으로 빨려들어가는 것 같거든. 그러니까 동굴이지.

 나는 잴리와 카페 때문에 깊고 컴컴한 상심의 구렁텅이로 떨어지는 것 같던 기분도 잊고 아이의 머리를 쓰다듬어주었다. 그러네. 동굴 맞네. 잘했어. 아주 좋은 표현이야. 그나저나 너 동굴이 여름엔 시원하고 겨울엔 따뜻한 거 알아? 우리 날씨도 더운데 진짜 동굴에 한번 다녀올까? 정말? 우와, 신난다! 아이가 제자리에서 폴짝폴짝 뛰었다.

귀신보다 무서운 것

 스무 살 때 나는 학교 앞에서 하숙을 했다. 당시 내 방문에는 잠금장치가 없었다. 주인아주머니 말씀으로는 원래 부엌이었던 것을 방으로 개조해서 그렇다는데, 그렇다 해도 자물쇠를 달아주면 간단히 해결될 문제건만, 그는 그럴 마음이 없었다. 한자리에서 이십 년째 하숙을 치고 있지만 당신 집에서는 여태 연필 한 자루 없어진 적이 없다며 그는 하숙집의 유일한 여학생이었던 나의 방범에 대한 지극히 기본적이고도 상식적인 걱정을 기우로 일축해버렸다.

 처음 없어진 물건은 야구모자였다. 그다음으로는 즐겨 듣던 시디가 없어졌다. 포장을 뜯지 않은 크래커가 없어졌고 스카치테이프가 없어졌다. 처음에는 착각이라고 생각했다. 이십 년 동안 연필 한 자루 없어진 적 없는 집 아닌가. 게다가 선량한 얼굴을 한 옆방 하숙생들 중 누구를 의심한단 말인가. 상경한 지 얼마 안 되어서 내가 아직 서울 생활에 적응하느라 정신이 없는 것이라고 믿으려 했다. 그러니까 내가 아끼던 오래된 소설책이 없어지기 전까지는 말이다.

절판되어서 다시 살 수도 없는 그 책이 사라진 책장을 멍하니 내려다보다가 나는 비로소 현실을 직시했다. 내 방에 실제로 누군가 드나들고 있고 절도까지 하고 있음을. 주인아주머니에게 말해야 했다. 그러나 그는 출타중이었고 나는 곧 학교에 가야 했다. 초조해하는 와중에 문득 책상 위 일기장이 눈에 띄었다. 문제의 불청객이 나 없는 방에서 혼자 무슨 짓인들 못할까 생각하자 원한다면 일기도 얼마든지 읽을 수 있겠구나 싶었다. 나는 일기장을 숨길 곳을 찾으려 했다. 그러나 어디에 숨긴들 내 방이요, 불청객의 손바닥 위였다.

결국 나는 일기장을 펼쳤다. 편지를 썼다. 이제껏 당신이 내 방을 멋대로 드나들며 무엇을 가져갔는지 다 알고 있다. 용납할 수 없는 일이지만 이미 지나간 일을 묻지는 않겠다. 다만 부탁하건대 책은 돌려달라. 다시 구할 수 없는 책이다. 원한다면 빌려줄 수는 있다 운운.

지금 생각해보면 하숙집 주인이 여학생 방의 문이 잠기지 않는다는 사실을 대수롭잖게 생각하는 것보다, 그런데도 그 방에서 내가 꼬박 반년을 살았다는 것보다도 더 어이없는 일이지만 그때의 나는 진심을 담아 미지의 절도범에게 편지를 썼다.

그리고 이튿날 책이 돌아왔다. 뜻밖에도 대신 사라진 것이 있으니 일기장의 마지막 페이지였다. 아마도 절도범은 거기 쓰인 편지의 엄연한 수신인으로서 저에게 그것을 가져갈 권리가 있다고 생각했던 모양이다. 한 페이지가 찢겨나간 일기장을 손에 쥐고 나는 바야흐로 눈앞에 생생하게 장면화된 공포에 몸서리쳤다. 귀신 들린 집 한복판에 들어와 있는 느낌이었다.

그보다 더 무서운 뒷이야기를 해볼까. 자초지종을 들은 주인 아주머니는 그길로 부랴부랴 내 방문에 자물쇠를 달아주었다. 그러면서 학생 말을 못 믿는 건 아니지만 물건을 도난당했다는 확실한 물증이 있는 것은 아니니 행여나 물건값을 변상받겠다는 생각은 하지 말라고 했다. 도둑질하는 사람보다 도둑맞은 사람이 더 나쁘다는 소리를 듣기 싫으면 문단속을 잘해야 한다는 말도 덧붙였다.

원래 귀신 들린 집에서 진짜 무서운 것은 귀신이 아니라 집주인이다.

선생님, 어떻게 지내시는지요?

 스승의 날이다. 해마다 어린이날이 돌아온다고 딱히 내가 어린이였던 시절이 떠오르는 것은 아닌데 어째서인지 스승의 날이 되면 어김없이 내가 십대 학생이었을 때 만난 선생님들이 떠오른다. 특히 한 사람, 내가 성인이 된 후 유일하게 찾아뵈려고 여러 차례 근황을 수소문한 바 있는 어느 선생님 한 분이.
 내가 중학교 2학년이었을 때다. 엄마가 큰 병을 얻었다. 우리 가족이 살던 강원도에서는 당시 그 병을 고칠 수 없어 엄마는 서울의 대학병원에 입원하게 되었다. 그리고 곧 수술을 받기로 했다.
 상경을 앞두고 엄마는 나에게 밥 짓는 법을 가르쳤다. 나는 배우는 척하면서 속으로 딴생각을 했다. 엄마는 부모 없이도 갖은 역경을 이겨내고 훌륭하게 성장한 위인들의 이야기를 들려주었다. 나는 듣는 척하면서 또 딴생각을 했다. 엄마가 없어서 내가 밥을 짓는 상황을, 엄마 없이 나 혼자 알아서 성장해야 하는 상황을 결코 받아들일 수가 없었던 것이다.

엄마가 입원한 후에도 나는 평소대로 학교에 갔다. 하지만 수업에 집중이 되지 않았다. 친한 친구들이 웃고 떠드는 것을 보아도 아무 감흥이 없었다. 좋아하던 분식점 떡볶이를 먹어도 아무 맛이 느껴지지 않았다. 그 와중에 수학여행이 다가왔다. 나는 불참하겠노라 담임선생님에게 말씀드렸다. 왜? 즐거울 것 같지가 않아서요. 왜? 엄마가 편찮으셔서요.

마지못해 대답은 했지만 어차피 선생님은 내 상황에 관심 없으리라 생각했다. 매사에 고지식하고 학생들에게도 늘 무심하고 엄격하기만 한 분이었기 때문이다. 과연 더이상의 질문은 없었다.

그리고 엄마의 수술이 성공할 확률이 극히 낮다는 아빠의 통화를 우연히 엿들은 날, 나는 결심했다. 혹 수술이 잘못된다면 탈선해버리겠다고. 학교도 그만두고 공부도 포기하고 일반적인 중학생이 해야 할 그 어떤 것도 하지 않겠다고. 그냥 사정없이 망가져버리겠다고 말이다. 그것을 미리 연습이라도 하듯 나는 조금씩 삐딱해져갔다. 숙제도 하지 않고 시험도 대충 치르고 자율학습에도 멋대로 빠졌다.

그러던 어느 날, 선생님이 나를 불렀다. 호되게 야단맞을 거라고 생각했다. 그러나 선생님은 대뜸 수학여행을 가자고 했다.

"즐거울 것 같지 않다고 했지? 내가 즐겁게 해줄게."

나는 눈만 끔벅거렸다. 평소 재미없는 말만 골라 하는 선생님이 농담을 할 리는 없었다.

"너 그거 아니? 간절히 바라면 반드시 이루어진다는 거."

"……"

"그냥 하는 말 같지? 아니야. 내가 살아보니까 정말 그래. 진심으로 간절히 소망하면, 그리고 그 소망에 부끄럽지 않도록 행동으로도 최선을 다하면 그건 꼭 이루어져. 네 어머니 수술 잘될 거야. 네가 간절히 바라니까. 그리고 어머니가 집으로 돌아오셨을 때 부끄럽지 않도록 네가 학생으로서 최선을 다해 생활할 거니까. 그러니까 가자, 수학여행."

선생님 말씀을 다 이해하지는 못했을 것이다. 다 믿지도 않았을 것이다.

하지만 나는 지금도 기억한다. 당신 앞에 무기력한 얼굴로 서 있는 어린 제자에게 어떻게든 활력을 되찾아주겠다는 각오가 깊고 서늘하게 배어 있던 선생님의 눈빛을. 간절히 바라면 반드시 이루어진다는 그 식상한 대사가 어떻게 나를 건드리고 마침내 나를 울렸는지도.

  전경숙 선생님, 뵙고 싶습니다.

마술처럼 아름답고 신기한

 약속 장소로 가는 길에 백화점 앞을 지나가는데 웬 무대가 설치되어 있고 객석이 관객들로 가득차 있었다. 고객 사은행사로 마술쇼가 곧 열릴 예정이라는 안내 방송이 흘러나왔다. 호기심이 동하기도 했고 약속 시간까지 여유도 있던 터라 쇼의 시작 부분만이라도 살짝 보고 갈까 싶었다. 내 속을 읽었는지 바로 앞에 앉아 있던 한 여자가 나를 보며 비어 있던 제 옆자리를 가리켰다. 아, 괜찮아요. 금방 일어나야 해서요. 나는 웃으며 그에게 고개를 숙여 보였다.
 저만치 무대 아래쪽에서 똑같은 티셔츠를 맞춰 입은 행사 진행요원들이 쉬지 않고 뛰어다녔다. 그런데 그중 한 청년이 자꾸 내 쪽을 흘깃거렸다. 아무래도 빈자리 놔두고 서 있는 것이

신경쓰이는 모양이었다. 잠깐 앉을까, 아니면 그냥 갈까 망설이는데 갑자기 그가 나를 향해 큰 보폭으로 걸어왔다. 그러고는 나를 지나쳐 조금 전 내게 자리를 권했던 여자에게 다가갔다. 저기요, 쇼가 이제 시작될 건데 빵 하고 크게 폭죽이 터질 거거든요. 혹시 놀라실까봐, 조심하시라고 말씀드려요.

고맙다며 활짝 웃는 여자가 임산부였음을 나는 그제야 알아보았다. 대체 청년은 행사 준비로 정신없이 뛰어다니는 와중에 언제 객석의 임산부를 눈여겨보았을까. 임산부를 위한 작은 배려. 진행요원이 해야 할 일 중에 그런 것도 있었을까. 쇼가 시작되기도 전에 이미 마술처럼 아름답고 신기한 장면을 목도한 기분이었다.

그러고 보니 그 비슷한 장면을 오래전에도 본 기억이 났다. 결혼 전 혼자 살던 시기였다. 겨울밤 늦은 시간에 친구가 나를 찾아왔다. 당시 힘든 일을 겪고 있던 그는 다짜고짜 절에 가고 싶다고 했다. 우리는 택시를 탔다. 초로의 기사가 사람 좋게 웃으며 이 밤중에 젊은 처자들이 조계사에는 왜 가느냐고 물었다. 대답 대신 친구가 흐느껴 울기 시작했다. 나는 말없이 그의 어깨를 안았다.

기사가 왁자지껄한 정치판 뒷이야기가 쏟아져나오던 라디

오의 볼륨을 줄인 것은 그때였다. 이리저리 돌아가다가 마침내 고정된 채널에서 음악이 흘러나왔다. 베토벤이었다. 묵직하고 장중한 첼로 소리가 한밤의 택시 안을 서서히 채웠다. 무슨 프로그램이었는지는 모르나 디제이의 목소리 없이 음악만 계속 나왔다. 울고 있는 사람이 무사히 절에 도착할 때까지 디제이도 기사도 누구도 아무 말 하지 않았던 그 마술처럼 신기하고 아름다웠던 밤을 떠올리며 나는 쇼가 시작되기 전에 자리를 떴다.

문학은 오류

엊그제 강의중에 소설의 개연성을 이야기하다가 이른바 '린다 문제'를 화제에 올렸다. 그것은 노벨경제학상을 수상한 대니얼 카너먼이 자신의 저서에서 인지적 오류 중 하나인 '결합 오류Conjunction Fallacy'를 설명하면서 행했던 실험이다.

현재 서른한 살 미혼 여성인 린다는 화법이 직설적이며 매우 똑똑하다. 학생 시절 철학을 전공했고 차별과 사회 정의 문제에 관심이 많았다. 자, 이제 생각해봅시다. 린다의 현재 직업이 은행원일 가능성, 그리고 은행원이면서 페미니스트일 가능성 중 어느 쪽이 더 높을까요?

대니얼의 실험에서와 같이 학생들은 답이 너무 뻔히 보이는 질문 아니냐는 듯 주저 없이 후자를 꼽았다. 이는 린다의 배경

및 캐릭터가 페미니스트의 이미지에 부합하므로 일견 타당한 추론처럼 보인다. 그러나 사실 은행원이면서 페미니스트인 집단은 단순히 은행원이기만 한 집단의 부분 집합이므로 린다가 그것에 속할 확률은 단순 은행원 집단에 속할 확률보다 낮을 수밖에 없다. 결국 린다에 대한 사전 정보들을 별 고민 없이 즉흥적으로 결합함으로써 우리는 확률과 어긋나는 잘못된 추론을 한다는 것, 그리하여 판단의 오류를 저지르게 된다는 것이 해당 실험의 결과이다.

나는 학생들에게 그러한 실험 결과에도 불구하고 소설을 쓸 때는 인지적 오류에 속하는 후자의 캐릭터를 린다에게 부여해야 한다고 했다. 그쪽이 더 그럴듯하므로. 실제로는 확률이 더 낮더라도, 논리적 오류를 범하고 있는 결론이더라도 독자는 그럴듯한 쪽에 설득된다고. 그것이 개연성이라고. 이론상 A 지점과 B 지점 사이의 최단 경로가 직선이라는 명제는 대부분의 상황에 들어맞지만 소설에서 A 국면과 B 국면 사이 최선의 경로는 직선이 아닐 때가 훨씬 많듯이 문학의 어떤 요소들은 사실 오류라고 말이다.

그때 한 남학생이 손을 들었다. 그 말씀도 맞지만 문학이 오류인 진짜 이유는 문학 작품보다 작가들의 자세에 있는 것 같아요. 그는 진지했다. 작가들 인터뷰를 보면 다들 글을 써서 생계를 유지하는 것은 거의 불가능하다, 그러나 단 한 사람만이라도 내 글을 읽어준다면 나는 끝까지 쓸 것이다, 이런 식으로 말하더라고요. 그거야말로 되게 비합리적이고 비논리적이고 말도 안 되는, 그러니까 오류 아닌가요? 학생의 말이 너무 합리적이고 논리적이고 구구절절 맞는 말이어서 나는 수긍도 반박도 못하고 웃음부터 터뜨렸다.

나비의 전설

 선생님, 저 등단했어요. 지난 학기에 수업을 들었던 학생이 연락을 해왔다. 기쁘다기보다 얼떨떨하다고, 솔직히 실력은 한참 부족한데 운이 좋았다며 멋쩍게 웃던 그가 돌연 속삭이듯 말했다. 아무래도 정말 나비 때문인 거 같아요.
 지난 학기 수업 시간의 일을 말하는 것이었다. 초여름이었고 더웠고 우리는 강의실 창문을 활짝 열어놓고 있었다. 그때 노란 나비 한 마리가 열린 창을 통해 실내로 들어왔다. 강의실 곳곳을 유영하던 나비는 무슨 생각에서인지 학생의 책상에 사뿐히 내려앉았다. 학생이 팔을 휘저어 쫓았지만 나비는 잠깐 날아올랐다 다시 앉기를 반복하며 계속 그 자리에 머물렀다. 다들 웃음을 터뜨리는 가운데 학생 혼자 당황하여 얼굴을 붉혔다. 그에게 나는 말했다. 축하할 일이네요. 분명히 좋은 일이 생길 거예요.

저 까마득한 이십 년 전, 내가 아직 학생일 때였다. 역시 초여름이었고 더웠고 강의실 창문이 열려 있었고 나는 마시던 사이다 캔을 책상에 올려놓은 채 강의에 집중하고 있었다. 언제 어디서 날아왔을까. 갑자기 노란 나비 한 마리가 내 책상 앞에서 날갯짓을 하는가 싶더니 사이다 캔에 냉큼 앉았다. 나는 감히 쫓을 생각도 못하고 그저 몸을 한껏 뒤로 뺀 채 나비가 스스로 떠나주기만을 바라고 있었다.

마침내 나비가 가버린 것이 먼저였을까. 강의가 끝난 것이 먼저였을까. 나비가 앉았던 사이다 캔을 멍하니 바라보고 있는데 웬 복학생 선배가 다가왔다. 축하한다고, 좋은 일이 생길 거라고, 옛날부터 나비가 사람 몸에 앉거나 근처에서 맴돌면 등단한다는 설이 있다고 그는 말했다. 나는 믿지 않았다. 그저 흥미로운 이야기라고만 생각했다. 그리고 그해 겨울, 거짓말처럼 등단 소식을 들었다.

이제 학생의 등단 소식 앞에서 새삼 자문해본다 정말일까. 오래전 복학생 선배가 들려준 나비의 전설은 정말로 유효할까. 나 역시 학생에게 같은 이야기를 덕담처럼 혹은 예언처럼 건네긴 했으나 사실 믿어서 그랬던 것은 아닌데. 증명할 길도 없거니와 그것이 진실이냐 아니냐가 중요한 것은 아닐 터이다. 그런 전설을 만들어내는 마음, 그 전설에 기대고 싶은 마음을 곱씹어보는 일이 더 의미 있을 터.

  한로도 지나 아침저녁으로 날이 제법 차다. 하고 싶은 일이 있는, 이루고 싶은 꿈이 있는 모든 이에게 가을 나비 한 마리씩 날려 보내고 싶은 오후다.

나는 옛날 사람

 출판사 편집자가 전화로 원고료가 입금되었음을 알렸다. 애초에 고지한 날짜보다 입금이 며칠 늦어진 사정을 밝히며 죄송하다고 하기에 나는 뭐 그 정도 일로 그러시느냐 반문했다. 물론 약속은 확실하게 지키는 것이 마땅하지만 어쩌다 사정이 있으면 좀 늦어질 수도 있지 않은가. 상습적이거나 의도적이지 않다면 누구나 그 정도는 충분히 헤아려줄 수 있다고 나는 생각했다. 아닙니다. 편집자가 말했다. 그건 옛날 사람들 얘기고요, 요즘 젊은 사람들은 절대 안 그렇습니다.
 그러니까 그는 흔히들 일컫는 MZ 세대 이야기를 하는 것이었는데, 요즘 이삼십대 젊은 작가들은 원고를 청탁하면 고료부터 물어본단다. 그거야 그럴 수 있는데 입금일이 언제인지도 묻는단다. 그리고 입금이 하루라도 늦어지면 바로 문의 전화를 한다고 했다. 옛날 작가들은 대부분 출판사에 돈 관련 문제를 문의하거나 요구하는 일을 어려워하여 정작 속으로는 전전긍긍할지라도 겉으로는 잘 드러내지 못했는데, 요즘 작가들은 과거의 그런 분위기를 전혀 이해하지도 납득하지도 못할 것이라고 편집자는 말했다. 그러면서 그는 그게 잘못되었다는 의미로 드리는 말씀은 아닙니다, 하고 덧붙였다.

얼마 전 대학에서 학기 마지막 수업을 하던 날이 떠올랐다. 원래는 수업 끝나고 종강 파티를 하기로 했었다. 그런데 내가 갑자기 일이 생겨 종강 파티에 참석할 수 없는 상황이 되었다. 나는 약속을 지키지 못해 미안했고 그래서 아쉬우나마 학생들에게 커피라도 사겠다고 했다. 강의 시간에 다 같이 카페에 갈 수는 없으니 강의실로 커피를 배달시키자고 한 것이었다. 학생들이 학교 근처의 괜찮은 카페들을 추천하면서 일사천리로 주문이 시작되었다. 문제는 그것이 내가 상상도 못했던 방식으로 전개되었다는 것이다.

배달앱이 켜져 있는 나의 휴대폰이 학생들의 손에서 손으로 건너갔다. 그들은 저마다 앱 화면을 골똘히 들여다보고 신중하게 손가락을 움직였다. 그렇게 하여 강의실을 한 바퀴 돌며 모든 학생의 손을 거친 휴대폰이 마침내 주인의 손으로 돌아왔을 때 내가 확인한 것은 정확히 학생들의 인원수와 일치하는 가짓수의 다종다양한 음료들의 내역이었다. 그중 커피 메뉴는 딱 하나였는데 그마저도 샷 추가에 헤이즐넛 시럽 추가에 얼음은 곱게 갈아달라는 요구가 야무지게 적혀 있었다.

순간 당황했다. 누구도 아무 잘못도 하지 않았는데 당황하는 내가 한심해서 더 당황했다. 그러니까 내가 막연히 상상했던 풍경은 오래전부터 익숙하게 보아온, 저는 아무거나 다 좋아요, 그냥 한두 가지 메뉴로 통일하는 게 좋겠어요, 사주시면 뭐든 잘 먹겠습니다, 같은 것이었으리라. 나는 어쩔 수 없이 꽉 막힌 옛날 사람이구나 자조하며 서둘러 결제를 마쳤다.

정말 당혹스러운 일은 그다음에 일어났다. 학생들이 각자 자신의 음료 값을 내게 어떤 방식으로 지불할지를 문의한 것이다. 아니, 여러분이 돈을 왜 내요? 신생이 사주면 학생은 그냥 맛있게 마시면 되는 거예요. 학생들이 여기저기서 아우성을 쳤다. 어휴, 아니에요. 선생님이 이걸 다 사시는 건 불합리해요. 맞아요. 각자 원하는 것을 자기 돈으로 사 먹는 게 저희도 마음 편해요. 어른이라는 이유로 혹은 선생님이라는 이유로 학생들에게 사주어야 한다는 생각은 별로 아름답지 않은 것 같아요.

그들의 목소리가 여전히 생생하게 귓가에 재생되는 듯한 착각 속에서 나는 편집자에게 대꾸했다. 그럼요. 그게 잘못되었다는 의미로 하신 말씀이 아니라는 것, 저도 압니다.

백두산에서 발견한 것

 딸아이와 백두산에 다녀왔다. 아이의 학교 친구, 그의 중학생 누나, 나와 비슷한 연배라 친구처럼 지내는 그 집 엄마까지 모두 다섯이 함께 떠난 여행이었다.

 짧은 3박 4일 일정이었으나 짐 싸는 일은 쉽지 않았다. 아이와 가는 여행은 언제나 최악의 경우도 대비하고 가능성이 희박한 변수도 고려해야 하므로 짐이 많게 마련이지만 이번에는 날씨 문제까지 있었기 때문이다. 평균 기온 영하 십오 도, 체감 기온은 영하 이십오 도라는 백두산 일대의 무시무시한 추위 때문에 두꺼운 패딩이며 털부츠, 털모자, 장갑에 양말에 목도리까지 온갖 방한용품들을 챙기고 나니 짐 부피가 예상을 훨씬 웃돌았다. 최종 중량 십사 킬로그램. 이 정도면 선방했다 싶었으나 그래도 여행 가방은 가벼울수록 좋다고, 더구나 산에 오를 때는 눈썹도 무거운 법이니 어지간한 것은 두고 가자 주의를 고수해온 나로서는 좀 당혹스럽기도 했다.

그러나 정말 당혹스러웠던 것은 아이 친구 가족을 만난 다음이었다. 인원이 셋임을 감안해도 그들의 짐은 배낭 세 개에 캐리어도 세 개요, 무게를 합산하니 무려 40kg에 육박했다. 아니, 대체 뭘 이렇게 많이 싸오신 거예요? 그 엄마가 수줍게 웃으며 대꾸했다. 그러게요. 이것저것 싸다보니 이렇게 되었어요.

그의 짐 목록의 세부는 들으면 들을수록 놀라움의 연속이었다. 일단 무전기 두 개. 혹시라도 아이와 떨어졌을 때 연락하려고 샀단다. 페트병 생수 여러 병. 혹시 아이가 물갈이를 할까봐 준비했단다. 아이가 심심하다고 할 때를 대비한 게임기 세트와 태블릿과 게임용 스마트폰, 동화책. 나는 챙겨오지 않았으나 그래도 그 필요성에 대해서는 충분히 공감하는 물건들이었다. 혹시 모자랄까봐 넉넉하게 준비했다는 핫팩은 아예 짝으로 들고 온 것 같았다. 그는 중학생 아이가 얼마 전 독감을 앓았다고 했다. 저도 잠복기일 수 있으니 검사를 받아봤어요. 저도 아이도 괜찮대요. 그래도 모르는 일이라서 약을 처방받아 가져왔어요. 과연 가방에서 이런저런 상비약 꾸러미가 끝도 없이 나왔다. 그때부터 나는 놀라움을 넘어 그를 놀리기 시작했다. 아이고, 만물상을 차려서도 되겠어요. 무인도에 불시착해도 아무 걱정 없겠어요.

여행 내내 그렇게 놀렸다. 그가 내 딸아이가 좋아하는 간식, 내가 혹시 안 가져왔을 상황을 대비한 여유분의 방한용품까지 챙겨왔다는 사실에 놀라움을 넘어 감동했다는 이야기는 쏙 빼고 말이다.

여행의 매력은 낯선 곳의 아름다움과 신비를 탐색하는 일에도 있지만, 동행한 이의 잘 몰랐던 면모를 새로이 발견하고 그를 더욱 좋아하게 되는 일에도 있을 것이다.

없던 인간미가 생긴 날

벌써 두번째였다. 어디 책가방뿐인가. 전에는 신고 갔던 운동화 한 짝을 잃어버리고 하교한 적도 있다. 아니, 운동장에서 놀다보니 신발 한 짝이 없더라는데 그게 말이 되는 소리인가. 우산이나 학용품같이 자잘한 소지품을 잃어버린 일은 부지기수라 일일이 논할 수도 없다.

처음에는 웃고 넘어갔다. 그다음에는 소지품을 잘 챙기고 다니라고 타일렀다. 그래도 같은 일이 반복되자 어느 순간부터인가 잔소리를 늘어놓게 되었다. 어떻게 책가방을 두고 올 수가 있어? 벌써 두번째잖아. 한 번 실수했으면 더 조심해야지. 듣기 싫었는지 아이가 불쑥 볼멘소리를 했다. 난 아직 어리잖아. 그럼 엄마는 아홉 살 때 학교에 뭐 놓고 온 적 없어?

응. 없어. 생각하기 전에 대답부터 했지만 찬찬히 생각해보아도 대답은 같았다. 꼼꼼해서라기보다 워낙 소심하고 우유부단하여 매사에 오래 고민하고 느리게 움직인 탓에 실수할 일이 적었기 때문이다. 성인이 되어서도 마찬가지였다. 주변 사람들이 소지품을 분실하는 일은 주로 술자리에서 생겼는데, 나는 술을 전혀 못하니 상대적으로 무엇인가를 잃거나 잊을 확률도 낮을 수밖에 없었다.

오래전에 한수산의 소설에서 엄마가 아들에게 조언하기를 연애는 살면서 우산을 서너 개쯤 잃어버려본 사람과 해라, 그보다 더 많이 잃어버렸다면 사람이 덤벙거려서 안 되고, 우산을 잃어버린 적이 한 번도 없다면 인간미가 없어서 안 된다, 하는 대목을 읽고는 무슨 삶의 비의라도 엿본 듯이 비장하게 고개를 끄덕이며 나 자신을 인간미가 없는 사람으로 규정했던 기억이 났다. 책가방을 찾기 위해 학교로 향하면서 나는 아이에게 그 소설 속 우산 이야기를 들려주었다. 인간미? 그게 뭔데? 아, 그럼 그거 없으면 나쁜 거네? 엄마 인간미 없으니까 나쁜 사람이다! 아이는 나를 놀려대며 즐거워했다.

책가방을 찾은 것은 교실도 아니고 복도도 아니고 방과후 실습실이었다. 문제는 문이 잠긴 것이었다. 방과후 실습이 끝난

지 몇 분 안 지났으니 선생님께 전화라도 드려보자 했다가 나는 한숨을 내쉬었다. 이거 어쩌지. 엄마가 휴대폰을 집에 놓고 왔어. 아이가 큰소리로 깔깔대며 웃었다. 엄마, 휴대폰 엄마 손에 있잖아! 아유 참, 엄마 인간미 엄청 많네. 다행이야.

당신은 어떤 유형?

 MBTI 검사 결과 나는 INFJ에 속한다고 한다. 보통 '인프제'라 읽는다는데 나는 듣고도 매번 잊어버린다. 사실 엠비티아이 검사는 이미 저 까마득한 대학 신입생 시절 학교에서 단체로 받은 바 있다. 그러나 정작 그 결과가 무엇이었는지는 기억에 없다. 그만큼 관심이 없었다. 살아오면서 그것을 상기할 일도 없었다.

 그런데 서너 해 전부터인가 여기저기서 엠비티아이 이야기가 들려오기 시작하더니 급기야 얼마 전 강의 시간에 학생들이 내게 유형을 물어보기에 이르렀다. 네? 모르신디고요? 내가 생일이나 국적을 모른다고 한 것도 아닌데 다들 놀라 나자빠지기에 나야말로 어리둥절했다.

사실 나는 내가 어떤 유형인지보다 '엠비티아이'라는 용어의 뜻이 더 궁금했다. 검색해 보니 그것은 'The Myers-Briggs Type Indicator'의 약어로서 마이어스와 브릭스는 프로그램 개발자 모녀의 성이었다. 오, 그렇구나, 하고 나는 또 잊었다.

그런데 엊그제 딸아이가 하교할 시간이 되어 교문 앞으로 갔을 때였다. 아는 엄마들이 담소를 나누고 있기에 인사했더니 그들이 불쑥 딸아이 엠비티아이를 물었다. 알고 보니 초등학생용 엠비티아이 검사도 있다는 것이었다. 이미 돌아가신 마이어스와 브릭스에게는 물론일 테고 나로서도 금시초문이었지만 어쨌거나 흥미로운 이야기였는데, 일단 질문이 일상적이라는 점과 대답이 주관식이라는 점이 그러했다.

아이 앞에서 슬픈 표정을 지으며 다음과 같이 말해보라. 엄마가 어제 힘든 일이 있어서 빵을 좀 사왔어. 그때 아이가 어떻게 반응하느냐에 따라 유형을 판단할 수 있단다. 한 엄마가 말했다. 저희 딸은 속상한 얼굴로 저를 안아주면서 뭐가 그리 힘들었냐고 묻더라고요. 다들 그건 F에 속한다고 했다. 다른 엄마가 말했다. 저희 아들은 대뜸 무슨 빵을 샀냐고 그 빵 다 먹었느냐고 물었어요. 다들 웃음을 터뜨리며 그건 T라고 했다. 같이 웃기는 했지만 내가 실은 F가 뭐고 T가 뭔지도 모른다는 것을 알아차린 엄마들이 친절하게 설명해주었다. 그러면서 딸아이에게 꼭 물어보라고 했다.

집에 돌아와 나는 아이 앞에서 슬픈 표정을 지었다. 있잖아. 엄마가 어제 좀 힘든 일이 있어서 빵을 사왔어. 아이가 고개를 갸우뚱하더니 대꾸했다. 왜? 힘든데 왜 빵을 사? 힘들 때 빵을 사면 안 힘들어? 차라리 커피를 마시지그래?

나는 말없이 고개를 끄덕였다. 속으로 이 녀석 F는 아닌 거 같고 T 같은데 뭐 아무려면 어떤가 싶었다. 그러면서도 내가 만약 정말 힘들어서 빵을 먹든 커피를 마시든 뭔가를 하게 된다면 굳이 아이에게 말할 필요는 없겠구나 생각했다.

올해 최고의 묘사

얼마 전 친정 엄마가 벌에 쏘이는 사건이 있었다. 칠십 해 넘게 살아오면서 벌에 쏘이는 일이야 여러 번 있었지만 이번 같은 경우는 처음이었다고 엄마는 혀를 내두르셨다. 말도 마라. 죽다 살아났다니까.

겨울답지 않게 기온이 높고 대기도 맑던 지난주 어느 날 엄마는 혼자 집 뒷산에 올랐다. 요즘 유행인 맨발 걷기를 당신도 해보고 싶으셨단다. 경사가 가파른 지점을 벗어났을 무렵 운동화를 벗고 양말을 벗었다. 젖은 낙엽이 깔린 흙바닥은 촉촉하고 폭신폭신하고 기분 좋게 차가웠다. 십 분쯤 걸었을 때였다. 발바닥이 따끔했다. 걸음을 멈추고 발을 살펴보았지만 별 이상 없었다. 잔돌이라도 밟았겠지 하고 다시 걸었다.

여기서부터 엄마의 기억은 띄엄띄엄 끊어진다. 당신은 산길 한가운데 혼절해 있다가, 맨발로 기듯이 산을 내려오다가, 웬 세탁소 앞에 넋 놓고 앉아 있다가, 119 구급차를 탔다가, 병원에서 수액을 맞다가, 다시 눈을 뜨니 집이었다. 나는 이 모든 과정을 당사자에게 과거형으로 전해 들으면서 놀라 나자빠질 수밖에 없었는데, 그것은 물론 사건 자체가 보통 심각한 일이 아니기 때문이기도 했지만 그보다는 엄마의 묘사 때문이었다.

 발바닥 국소 부위의 통증이 어떻게 순식간에 전신으로 퍼지는지, 정신이 어떤 식으로 혼미해지며 시야가 왜곡되는지, 환각 상태에서 바라보는 세상이 어떻고 그 세상을 감각하는 자신의 몸 상태가 얼마나 낯선지 등 엄마의 이야기를 듣는 동안 나는 어느새 맨발로 그 산길에 서 있었다. 낙엽 사이에 숨어 있던 벌인지 무엇인지 모를 곤충의 독침이 발바닥을 찌르고 나는 몇 걸음 비척거리다가 주저앉았다. 하늘이 이지러지고 키 큰 나무들이 가지를 구부려 내 몸을 휘감고 춥고 덥고 나는 자꾸만 감기는 눈꺼풀을 이기지 못해 눈을 끔벅거리며 생각했다. 소설은 내가 아니라 엄마가 썼어야 하는데.

 정말이지 독충에 쏘인 사람이 겪는 심신의 급격한 변화에 대한 그보다 더 현장감 넘치고 구체적이고 사실적이며 동시에 독창적인 묘사는 어떤 문학 작품에서도 읽은 적 없는 것 같았다. 엄마는 말을 잘하는 사람이 아니고 글을 잘 쓰는 사람은 더더욱 아닌데 이것이 어떻게 가능한가. 실로 올해 최고의 묘사가 아닌가.

아니, 그보다도 나는 엄마가 죽느냐 사느냐 절체절명의 위기를 넘겼다는데 그 걱정보다 뜻밖의 묘사력에 감탄만 하고 있으니 이래저래 기가 막힌 일이다.

심사 결과와는 상관없는 심사 후기

 얼마 전 일간지 신춘문예 심사를 했다. 예심과 본심을 동일한 심사위원들이 진행한 터라, 본심 진출작 중 내가 예심에서 올린 작품도 두 편 있었다. 두 편 다 완성도가 높고 독자적인 미학이 있어 내심 당선될 수도 있겠다 싶었는데 본심 뚜껑을 열어보니 놀랍게도 나머지 후보작들 역시 그만큼 뛰어난 작품들이었다. 심사가 쉽지 않으리라 직감했다.
 어떤 심사는 시작하자마자 끝난다. 심사위원들이 각자 당선작으로 점찍은 작품이 일치할 경우 사실 그 심사는 어떤 작품이 더 좋거나 덜 좋은지 논하는 것이 아니라 서로 좋은 작품 보는 눈이 잘못되지 않았다는 사실을 확인하고 안도하는 자리에 가깝기 때문이다. 그러나 또 어떤 심사는 영 끝나지 않는다. 심사위원들이 각자 점찍은 작품이 엇갈리는데 그것들이 비슷한 지지율을 보일 때이다. 딱 이번 심사가 그러했다.

　최종적으로 A 작품과 B 작품이 접전을 벌였다. 심사위원들이 A와 B 진영으로 나뉘어 첨예하게 맞섰다. 성격상 사람들 앞에서 적극적으로 의견을 피력하는 일을 어려워하는 나는 주로 듣는 쪽이었는데, A 진영의 주장을 들으면 A 작품이 당선되어야 할 것 같고 B 진영의 주장을 들으면 B 작품이 당선되는 게 맞겠다 싶을 만큼 양쪽 다 논리가 정연하고 관점이 확고했다. 대치 상태가 오래도록 이어졌다. 물론 다수결이라는 유서 깊은 의사 결정법이 있기는 했다. 그러나 뭐랄까, 그건 예의가 아닌 것 같았다고 할까.

　심사위원들은 열과 성을 다해 반대 진영을 설득했다. 서로 말을 끊거나 목소리를 높이기도 했다. 그때 누군가 물었다. 근데 우리가 왜 이렇게 서로 얼굴까지 붉히며 싸워야 하지? 다들 웃음을 터뜨렸다. 그 와중에 나는 문득 가슴이 뭉클했다.

　냉정하게 말해 어느 작품이 당선된들 심사위원 개인과는 상관없는 일이었다. 그렇다면 왜 특정 작품을 당선시키려 애쓰는가. 혹자는 자존심 문제라고, 자신이 미는 작품이 낙선하면 자신의 문학적 안목이나 권위가 부정당하는 것 같아서라고 말하기도 한다. 그런 면도 없지 않을 것이다.

그러나 나는 그날 심사위원들에게서 다른 더 큰 이유를 보았다. 응모자가 혼신을 다해 썼을 작품들을 어느 하나 허투루 여기지 않겠다는, 행여나 심사에 실수가 있어 억울하게 낙선되는 작품이 있으면 안 되리라는, 낙선자도 독자도 누구나 인정할 작품을 뽑겠다는, 그래서 마치 자신의 안위라도 걸린 문제처럼 심사에 끝까지 철저히 완벽을 기하려는 마음 말이다.

모르고 말했지만

 오랜만에 대학 동창이 전화를 걸어왔다. 안부를 묻는 둥 마는 둥 하더니 그가 불쑥 웬 과자 이름을 언급하며 최근 새로운 맛이 출시되었다는 소식을 전했다. 어머, 네가 그걸 모르면 어떡해? 난 그거 보자마자 네 생각이 나서 전화한 건데. 오래전 레퍼토리를 새삼스럽게 들먹이며 친구는 한참이나 나를 놀렸다. 그래놓고는 괜히 미안했는지 한 번의 말실수로 자신을 수십 년째 즐겁게 해주어 고맙다는 인사로 대화를 마무리했다.

 친구가 말하는 이십여 년 전의 사건을 나는 생생하게 기억한다. 말실수야 평소에도 종종 있었고 그것의 여파와 그로써 내가 치러야 했던 대가를 따져보면 사실 그 정도 일은 대수로운 축에도 못 끼지만 친구들이 나를 두고두고 놀리기 좋은 사건이었던 것만은 분명하다.

　살면서 성격이 많이 바뀌었으나 전에도 지금도 변함없는 하나는, 친하지 않은 사람과 있을 때 침묵이 이어지면 그것이 마치 내 잘못 같다는 걱정에 사로잡힌다는 것이다. 그래서 해도 좋을 말과 해서 좋을 것 없는 말을 가릴 새도 없이 아무 말이나 주워섬기며 호들갑을 떤 다음 뒤늦게 혼자 그 상황을 복기하며 후회한다. 스무 살 무렵, 그때도 그랬다.

　여러 대학 학생들이 함께 모의한 특정 프로젝트로 지방에 갈 일이 있었다. 선배 언니의 차를 타고 가다가 다른 대학에 들러 고학번 남자 선배 한 명을 태웠다. 그는 나와는 초면이지만 언니와는 잘 아는 사이인 듯했는데 어째서인지 둘 다 형식적인 안부만 건네고는 별 말이 없었다. 셋이 타고 있는 차 안에 계속 정적이 흘렀다. 나는 그것이 점점 불편해지기 시작했다. 그러던 중 차가 휴게소에 들렀다. 차에서 내렸다가 다시 돌아온 남자 선배가 언니와 내게 캔 커피며 과자가 든 봉지를 건넸다. 순간 나도 모르게 환호성을 내질렀다. 과자 때문이었다. 제조사가 대기업이 아닌 중소기업이라서 당시만 해도 시중에 판매처가 드물었던, 그래서 무척 좋아하는데도 구하기 어려워 나를 애태웠던 그 과자가 마침 그 휴게소에 있었다니. 게다가 많고 많은 과자들 중 바로 그것을 남자 선배가 콕 집어 골라왔다니 어찌 신통하지 않겠는가.

언니가 그 과자가 그렇게 좋으냐고 물었다. 나는 진심이기도 했거니와 차 안의 어색한 침묵도 깰 겸 해당 과자에 대한 나의 사랑의 역사를 필요 이상으로 길게 소상히 이야기했다. 심지어 고등학생 때는 이거 만드는 공장 사장 아들과 결혼하는 게 꿈이었어요. 그렇게 말한 다음 나는 두 선배님들이 어이없어하며 웃음을 터뜨리기를 기대했다.

뜻밖에도 차 안의 분위기가 순식간에 가라앉았다. 잠시 주저하는가 싶더니 언니가 물었다. 너 설마 알고 말한 거 아니지? 모르고 말한 거지? 네? 뭘요? 그게 무슨 말씀이세요? 언니가 픽 웃었다. 조수석에 앉은 남자 선배도 나를 돌아보며 미소를 지었다. 이거 초면에 이런 식으로 청혼을 받게 될 줄은 몰랐는데 이를 어쩌지, 하는 복잡한 눈빛으로.

알고 보니 그가 바로 고등학생 시절 내가 꿈꾸던 미래의 신랑감, 해당 과자 제조사 사장의 아들이었던 것이다. 세상에 어떻게 이런 일이. 언니도 웃고 남자도 웃었지만 나는 정말이지 너무 당혹스러워 프로젝트고 뭐고 당장 차에서 내리고 싶었다.

프로젝트가 끝난 후에도 그 일은 오랫동안 이 사람 저 사람

입에서 수시로 재생되어 나를 민망하게 했다. 그래도 그들에게 이십 년 이상 웃으며 떠올릴 수 있는 기억 하나를 만들어준 셈이니 흔히들 말하는 '가성비'는 나쁘지 않은 말실수 사건이었다고 할까.

새로운 맛이 출시되었다니, 이제는 입맛이 바뀌어 과자류를 그다지 즐기지 않게 되었지만 그래도 의리로 한번 먹어보련다.

2
0
2
4

눈에 눈이 들어가면

 집으로 돌아가는 버스 안이었다. 내 앞좌석에 앉아 있던 예닐곱 살쯤 되어 보이는 남자아이가 문득 읽고 있던 책에서 고개를 들더니 제 엄마에게 질문을 퍼붓기 시작했다. 소들이 처음 만나서 하는 인사말은? 반갑소. 우유가 옆으로 넘어지면? 아야. 하나같이 난센스 퀴즈들이었다. 엄마는 줄곧 오답만 내놓았고 아이는 신이 나서 웃어댔다. 엄마, 이건 좀 쉬운 문제야. 눈에 눈이 들어가면 눈물인가, 눈물인가?

 귀가 번쩍 뜨였다. 그 눈이 눈眼인지 눈雪인지를 묻는, 단음과 장음의 구분을 위해 만들어진 그 오래된 질문을 익히 아는 세대로서 그것이 난센스 퀴즈도 아니거니와 대체 어떤 점에서 쉬운 문제라고 하는지 아이 생각이 궁금했던 것이다.

아이 엄마도 나와 같은 생각이었던 모양이다. 아이가 정답을 잡음 눈물, 그러니까 하늘에서 내리는 눈물이라고 대답하자 엄마가 이유를 물었다. 엄마, 진짜 눈물은 슬퍼야 나는 거잖아. 하늘에서 내린 눈이 눈에 들어가면 슬퍼? 아니잖아. 그러니까 그 눈물은 진짜 눈물이 아니고 하늘에서 내린 눈이 녹아서 나오는 눈물이지.

나도 모르게 울컥하더니 눈가가 뜨거워졌다. 아이 생각이 너무 귀하고 또 귀여워서였다. 눈물이 슬플 때만 나는 거라는 저 철석같은 믿음은 얼마나 갈까. 언제쯤 깨질까. 오래전 대학 시절 책에서 이해인 수녀의 「눈물」이라는 시 일부가 인용된 것을 보고 친구와 이야기했던 기억이 났다. 인용문처럼 과연 눈물이 "나를 속일 수 없는 한 다발의 정직한 꽃"이 맞는가에 대해 친구와 나는 둘 다 동의하지 못했다. 눈물이 순전한 슬픔이나 감동이나 그밖의 어떤 지고한 감정의 충일함에서 비롯되는 것이라 믿기에 우리는 너무 때가 묻어 있었다. 특정한 목적을 위해 가짜로 눈물을 쥐어짜는, 말하자면 눈물 연기를 하는 것이 얼마든지 가능하다고, 그러므로 눈물은 정직하지 않다고 그때 우리는 생각했다.

집에 도착한 후 딸아이에게 물었다. 그 남자아이는 정답이 하늘에서 내리는 눈물이라고 했어. 왜냐하면 진짜 눈에서 나오는 눈물은 슬플 때만 나오는 거라서 그렇대. 너도 그렇게 생각해? 아이는 고개를 저었다. 아니야. 엄마. 눈물이 슬플 때만 나오는 건 아니야.

  나는 아홉 살 아이 특유의 눈물론을 기대하며 다시 물었다. 그래? 그럼 또 어떨 때 눈물이 나는데? 아이가 확신에 찬 표정으로 대답했다. 레고 밟을 때.

나 홀로 놀이공원

 며칠 전 아이와 둘이 놀이공원에 갔다. 입구에서부터 대기 행렬이 길었다. 걱정이야 엄마 몫이고 아이는 오히려 더 신나는지 제자리에서 콩콩 뛰었다. 녀석에게는 첫 방문이었다. 헤아려보니 나도 무려 이십여 년 만이었다.

 많은 것이 바뀌어 있었다. 새로운 놀이기구가 생겼으리라는 짐작이야 막연히 했지만 내가 예상치 못한 큰 변화가 있었으니, 인기 많은 놀이기구들은 예약제로 운행된다는 것과 누구나 일정액을 지불하고 대기 없이 바로 탑승하는 권리를 살 수 있다는 것이었다. 머리로는 충분히 납득 가능한 자본주의 사회다운 합리적인 변화였다. 그러나 번번이 예약을 못했다는 이유로 탑승 시도조차 할 수 없게 되고, 두 시간째 줄 서고 있는데 어디선가 불쑥 나타나 우선탑승권을 내미는 사람들을 보고 있자니 허탈해지는 것까지는 어쩔 수 없었다.

놀이기구마다 평균 한두 시간은 줄을 서야 했다. 엄마, 다리 아파, 심심해, 배고파, 목말라, 하며 쉬지 않고 징징거리는 아이를 상대하는 것도 일이었다. 게다가 녀석은 꼭 탑승할 차례가 가까워지면 갑자기 화장실 타령을 해서 나를 난처하게 만들었다. 앞뒤 사람들에게 양해를 구하고 줄에서 벗어나 화장실에 가면 그곳에도 길디긴 줄이 있었다. 간식거리를 사러 가도 마찬가지였다. 그렇게 길고 다양한 기다림 끝에 드디어 놀이기구를 타도 운행 시간이 깜짝 놀랄 만큼 짧으니 사실 재미고 스릴이고 제대로 느낄 틈도 없었다. 그래도 아이는 그 짧은 동안 지난 고생을 다 잊은 듯 행복해했으니 다행이었다고 할까.

저녁을 거르고 그 시간에 놀이기구를 더 타겠다는 아이를 달래 식당으로 갔다. 하지만 음식을 기다리는 사이 녀석은 내게 기대 잠이 들었다. 겉옷을 벗어 아이에게 덮어주고 나도 잠깐 눈을 감았다. 눈을 떴다. 주위를 둘러보니 맙소사, 놀이공원이었다. 믿기지 않았다. 내가 아는 놀이공원은 이런 곳이 아닌데. 내가 지금 여기서 뭘 하고 있나. 어서 뛰어가 줄을 서서 놀이기구를 하나라도 더 타야 하는데. 왜 나는 이리 피곤에 지친 몸으로 식당에 앉아 졸고 있는가. 문득 정말로 놀이공원에 가보고 싶었다.

그래서 다시 왔다. 조금 전 입구에서 검표원이 나를 보고 당혹스러운 표정을 짓다가 재빨리 수습하던 것이 떠오른다. 하기야 중년 여성이 평일 대낮에 혼자 놀이공원을 찾는 일이 그리 흔하지는 않을 터. 그러거나 말거나 나는 보무당당하게 입장했다. 그리고 이렇게 회전목마 근처 카페에 자리를 잡고 앉았다. 이 원고를 마치고 나서 천천히 본격적으로 놀이공원을 즐겨볼 참이다.

해주고 싶었던 말

 학생 한 명이 찾아왔다. 뜻밖의 만남이었다. 작년에 내 수업을 들었던 학생이기는 하지만 종강 후로는 만난 적도 없고 연락을 주고받은 적도 없었기 때문이다.

 그는 이번에 졸업한다고 했다. 그 시기 학생들이 으레 그렇듯 그 역시 진로에 대한 고민으로 심란해하고 있었다. 자신이 하고 싶은 일이 무엇인지 알고 재능이 있다는 것도 아는데 공모전에서 번번이 낙선한다는 사실이 그를 괴롭혔다. 저의 재능은 딱 거기까지인가 봐요. 직업으로 삼을 만큼은 못 되고 취미로 삼기에는 좀 아까운 어중간한 정도요.

 그래서 오래 고민하다가 지난주부터 꼭 필요한 조언을 해줄 것 같은 몇몇 선생님들을 찾아뵙는 중이라고 학생은 말했다.

그런 훌륭한 선생님들 중 하나로 나를 떠올려준 것은 영광이지만 사실 엄청난 착각이었다. 조언이라니. 내가 감히 누구에게 무슨 조언을 할 수 있단 말인가.

그래도 나를 선생이요 어른이라고 찾아온 학생을 빈손으로 보낼 수는 없는데 어쩐다? 공모전 결과에 일희일비하지 말고 끝까지 최선을 다하면 곧 좋은 결과가 있을 것이다, 같은 모범 답안이라도 들려주어야 할까. 아무래도 내키지 않았다. 하여 나는 말없이 학생의 하소연을 듣기만 했다.

내 휴대폰이 울린 것은 그가 잠시 이야기를 멈추었을 때였다. 결혼한 지 얼마 안 된 친구의 전화였다. 신혼 생활에 대해 묻는 짧은 통화가 끝나자 학생이 물었다. 선생님 친구신데 신혼이면 되게 늦게 결혼하신 거 아닌가요? 맞아요. 남자 친구들 중 제일 늦게 했어요. 그렇게 어쩌다보니 화제가 뜬금없이 친구 이야기로 흘렀다.

그러니까 친구가 결혼정보회사를 통해 결혼했다는 것, 사연인즉 결혼정보회사의 끈질긴 러브콜을 계속 거절하다가 해외 유학을 떠나면서 오 년 후 귀국하니 이제 전화하지 말라고 통보했다는 것, 그리고 오 년 후 귀국한 바로 다음날 다시 전화를 받았다는 것, 유학 잘 다녀오셨냐는 귀에 익은 목소리를 듣는 순간 이 정도 끈기와 열정과 집요함이라면 믿어도 되겠다는 생각에 곧장 회원 가입을 했다는 것, 그렇게 운명적으로 아내를 만났다는 이야기를 줄줄이 하다 말고 불현듯 내가 지금 무슨 쓸데없는 이야기를 하고 있나 싶어 고개를 들었다.

학생이 상기된 얼굴로 미소를 짓고 있었다. 선생님이 저에게 무슨 말씀을 해주고 싶으셨던 건지 알겠어요. 정말 감사합니다, 선생님.

아닌데. 그런 말을 해주려 했던 것은 아니지만 어쨌든, 나쁘지 않은 결과였다.

내가 궁금한 것

 오랜만에 만난 친구가 대뜸 같이 사주를 보러 가겠느냐고 물었다. 사주라. 이제껏 살아오면서 서너 번쯤 보았으려나. 마지막으로 본 것이 언제인지 기억도 나지 않을 만큼 까마득했다. 내가 그러자고 했더니 친구가 정색을 했다.
 "근데 넌 뭐가 궁금한데?"
 그러게. 뭐가 궁금하지. 궁금한 게 있기는 한가. 결혼 전이었다면 결혼 운이 궁금했을까. 작가가 되기 전이었다면 직업 운이, 내가 어디서 무슨 일을 하며 살지 궁금했을까. 그러고 보니 사주는 궁금한 게 있는 사람이 보러 가는 거구나. 예전에 사주를 보았을 때는 내가 무엇을 궁금해했는지 새삼 궁금해졌다.
 십여 년 전 어느 산사에 머문 적이 있다. 각오는 소설 한 편

완성하고 가겠다 하는 것이었지만 현실은 종일 방바닥에 누워 빈둥거리는 날이 많았다. 아직 스마트폰이 보급되기 전이요, 인터넷도 안 되고, 텔레비전도 없고, 있는 것이라고는 옷을 걸어놓으라고 벽에 박아놓은 못 하나가 전부인 방은 문자 그대로 멍 때리고 있기 좋았다. 그러나 어느 순간부터 큰스님이 자꾸 나를 불러내셨다. 그래서 절집 식구들과 함께 감자도 캐고 매실도 따고 약수도 뜨러 다니며 소설과는 점점 멀어지는 방향으로 절 생활에 익숙해져가던 어느 날이었다.

큰스님도 출타하고 공양주 보살님도 주말이라고 집으로 돌아가셔서 절 전체가 휑하던 오후, 일없이 마당에 앉아 햇볕을 쬐고 있는데 등뒤에서 갑자기 제초기 소음이 들려왔다. 그러면 그렇지, 내 옆방에 기거하는 불목하니 거사님이었다. 어디선가 누군가에 무슨 일이 생기면 틀림없이 나타나는 홍반장처럼 볼 때마다 쉬지 않고 시설물을 수리하고 운전도 하고 청소도 하고 밭일도 하며 경내의 모든 일을 도맡아 하는 그분이 잔디를 깎고 있었다. 딱히 할일도 없고 혼자 한가한 것이 죄송하기도 해서 나는 그가 지나간 자리에 남은 잡초더미를 치웠다. 그가 문득 나를 돌아보더니 이따 밤 아홉시에 요사채 툇마루에서 잠깐 보자고 했다.

몰라볼 뻔했다. 늘 땀에 젖은 작업복 차림이던 그가 개량 한복까지 갖춰 입고 달빛이 교교한 툇마루에 정좌하고 있으니 영 다른 사람 같았다. 절에 들어오기 전까지 철학관을 운영했었다는 그가 그날 밤 그렇듯 예기치 않게 물어봐준 내 생년월일시, 그것이 내 인생에서 처음 본 사주였다. 구체적인 내용은 기억나지 않는다. 다만 그가 몇 번이고 이렇게 물었던 것만은 기억난다.

"뭐 궁금한 거 없어요?"

내가 무엇을 물었을까. 혹시 그때는 먼 미래인 줄 알았으나 이제 와 돌아보면 한없이 가까운 미래, 그러니까 2024년 즈음의 내가 대체 어디서 어떻게 살고 있을지 그런 것은 아니었으려나.

저를 뽑아주세요

 잠자리에 누운 딸아이가 갑자기 내일 반장 선거가 있다고 했다. 평소 학교에서의 일을 집에 와서 고하는 데 영 무심하던 아이가 자다 말고 털어놓은 것을 보면 제 딴에는 꽤 중요한 일로 느껴졌던 모양이다. 아니나 다를까, 녀석이 비장한 어조로 덧붙였다. 엄마, 나 반장 선거 나갈 거야. 내일 친구들 앞에서 말할 내용을 미리 들려주겠다며 아이는 자리에 누운 채 천장을 향해 외쳤다. 제가 반장이 된다면 학교 폭력을 근절하겠습니다! 그리고 모든 차별을 없애며……

 나는 어둠 속에서 혼자 웃었다. 어디서 주워들었는지 멋진 말은 죄 늘어놓는데 과연 근절이 무슨 뜻인지는 알까. 게다가 제가 무슨 수로 차별을 없애겠다는 건지 어이가 없었다.

잘했는데 공약이 너무 거창한 것 같아. 누구나 학교에서 늘 듣는 이야기이기도 하고. 그런 것보다 네가 그냥 친구들에게 하고 싶은 말을 자연스럽게 해보면 어떨까. 아이는 대답이 없었다. 뭔가 골똘히 궁리하는 눈치였으나 더이상 간섭하면 녀석의 자율성을 해치는 것 같아 나도 입을 다물었다.

결과는 낙선이었다. 나를 놀라게 한 것은 결과가 아니라 과정이었는데 아이들 스물두 명 중 무려 열한 명이 출마했단다. 그래서 1차 투표로 다섯 명을 뽑고 다시 2차 투표로 반장을 뽑았다는 것이다. 그 치열함도 놀랍지만 듣자 하니 반장이 된 아이의 변이 또 압권이었다. 여러분, 헬로 키티 아시죠? 키티는 입이 없습니다. 저도 키티처럼 입 없이 제 주장은 하지 않고 언제나 여러분의 의견에 귀기울이는 반장이 되겠습니다. 세상에. 가히 명문이 아닌가 말이다.

딸아이는 저도 감동해서 그애를 찍었다고 했다. 뭐? 너를 찍은 게 아니고? 아이가 눈을 흘겼다. 엄마는 참. 내가 어떻게 나를 찍어? 나는 소리 내어 웃었다. 누가 시킨 것도 아니고 너 스스로 반장이 되겠다고 나갔으면 너를 찍어야지. 대통령도 선거 나가면 자기를 찍어. 아이는 믿을 수 없다는 표정이었다. 본선 후보인 다섯 명 안에도 들지 못했다는 녀석을 위로하려다 말고 나는 물었다. 근데 참, 너는 앞에 나가서 뭐라고 했어? 아이가 주저하며 대답했다. 저는 흰머리입니다. 뽑아주세요.

뭐라고? 정말 그렇게 말했어? 응. 엄마가 너무 거창한 이야기나 다른 친구들도 다 아는 이야기는 하지 말랬잖아. 말문이 막혔다. 그래서? 애들이 웃었어? 아이는 고개를 저었다. 아무도 안 웃었고 심지어 선생님은 그게 끝이냐고 하셨단다. 맙소사. 친구들이 웃기라도 했으면 민망하지는 않았을 텐데. 그래도 최소한 나를 웃겼다, 아주 오래 실컷.

기억은 어디로 가는가

 책상 서랍 깊숙한 곳을 뒤지다가 흰 종이로 싸인 얇은 책 한 권을 발견했다. 펼쳐보았더니 오래전 세상을 떠난 후배의 유고 시집이었다. 그랬다. 표지를 볼 때마다 마음이 아파서 보지 않으려고 종이로 싸두었었다. 그것도 모자라 나중에는 책을 아예 서랍 깊숙한 곳에 넣어두었었다.
 방바닥에 주저앉아 시집을 펼친다. 깊은 밤이고 사방이 고요하고 정신도 맑지만 나는 시에 집중하지 못한다. 한 줄 읽고 후배의 얼굴을, 다시 한 줄 읽고 그의 목소리를 떠올린다. 페이지를 넘긴다. 팔인용 방. 제목을 보자마자 나는 순식간에 저 까마득한 어느 날 후배와 마주앉았던 밥집에 가 있다. 누나, 내가 어제 고시원에 방 보러 갔었는데 말이야. 보통 고시원은 다 일인실이잖아. 근데 어제 총무가 보여준 방은 글쎄 팔인실인 거야. 이층 침대가 네 개 있는데 거기 일곱 명이 누워 있더라고. 문이 열리자마자 그 일곱 명이 나를 노려보는데…… 어휴, 나 그거 시로 쓸 거야. 후배는 밥을 먹는 둥 마는 둥 시를 읊조린다. 나는 괜한 참견을 한다. 일곱 명이 나를 본다, 말고 열네 개의 눈동자가 나를 본다, 이게 낫지 않을까? 후배가 웃는다. 그때로 돌아간다면 아무 말도 하지 않을 텐데. 아니, 어서 밥부터 먹으라고 할 텐데.

후배가 떠난 지 이십 년이 되어간다. 사실 나는 학창 시절 그와 그리 친한 사이도 아니었다. 비슷한 시기에 등단한 까닭에 오히려 졸업 후 서로 의지가 되는 면이 있었지만 그것도 나만 그랬을지 모른다. 어쨌든 생전에 절친하지도 않았고 그가 떠난 후 긴 시간이 흘렀는데도 여전히 그에 대한 기억은 이토록 크고 깊고 가까워 나를 아프게 한다. 사람은 얼마만큼의 기억을 품을 수 있는가. 그것의 유통기한은 얼마나 되는가.

후배는 어떤 기억을 품고 있었을지 궁금해진다. 세상에 대해, 사람들에 대해, 자신에 대해. 일생 동안 그가 품었던 기억들은 모두 어디로 갔을까. 내가 품고 있는 기억은 어디로 갈까, 내가 죽으면. 셰익스피어는 물었다. 눈이 녹으면 그 흰빛은 어디로 가는가? 이 서글프고도 아름다운 문장이 실제 셰익스피어의 것인지 아닌지는 명확하게 밝혀진 바 없다지만 아무려면 어떤가. 중요한 것은 그게 아닌데.

후배가 그립고 미안하고 추운 밤, 나는 흰 종이에 싸인 책을 도로 서랍에 넣는다.

유월이 오면

내일이면 유월이다. 다른 사람들은 어떤지 모르겠는데 내게 유월, 하면 가장 먼저 떠오르는 것은 어처구니없게도 6·25 한국전쟁이다. 그것을 직접 겪은 세대도 아닌데 그렇다. 아마 초등학생 때부터 십대 시절 전체를 통틀어 사실상 세뇌라 해도 될 만큼 줄기차고 치열하게 반공 교육을 받았기 때문일 것이다.

특히 초등학생 시절이 그러했다. 해마다 유월이면 이틀이 멀다 하고 열렸던 반공 글짓기대회, 반공 사생대회, 반공 웅변대회, 반공 표어대회 등 온갖 대회에서 내가 자주 참여한 것은 반공 글짓기대회였다. 그때 나는 '반공'의 한자가 무엇인지, 아니, 그것이 한자어인지 순우리말인지조차 몰랐다. 워낙 여기저기서 많이 접하다보니 의미야 대강 짐작했지만 정확하게는 알지 못하는 채로 반공, 승공, 멸공, 나아가 호국영령이니 동족상잔이니 보훈 같은 단어들을 천연덕스럽게 원고지에 끼적이고는 했다.

그보다 더 어처구니없는 것은 당시 어린 마음에도 나와 친구들이 글짓기 대회에서 입상하려면 창의성이나 논리성 혹은 윤리성보다도 반공정신이 얼마나 투철하게 글에 녹아 있느냐가 관건이라고 믿었다는 사실이다. 물론 실제 심사 기준이 어떠했는가는 알 수 없다. 중요한 것은 초등학생들 사이에 그런 믿음이 퍼져 있었을 만큼 그 세계가 형편없이 단순하고 납작한 논리로 작동되고 있었다는 것일 터이다.

문득 어느 해의 운동회가 떠오른다. 달리기 경기에 웬 낯선 규칙이 주어졌다. 모두 달리다 말고 중간 지점에서 멈춰 퀴즈를 풀어야 한다는 것이었다. 이들 중 간첩은 누구인가? 트랙 한가운데 군인 세 명이 각각 책상 하나씩을 차지하고 앉아 있었다. 정답은 가운데 군인. 그의 군화에만 진흙이 묻어 있었기 때문이다. 정답을 맞히면 결승선으로 가고 못 맞히면 그대로 탈락이었다. 그런 일이 어떻게 가능했는지 회상하면서도 참 믿기지 않지만 어쨌든 간첩은 군복이 젖어 있다, 군화에 진흙이 묻어 있다, 주로 밤에 활동하고 인적 없는 길로 다닌다 등, 그때 암기했던 간첩 판별 기준을 지금도 기억하고 있으니 이 정도 세뇌 효과면 내가 유월마다 가장 먼저 한국전쟁을 떠올린대도 하등 이상할 것이 없지 않을까.

  써놓고 보니 호랑이 담배 먹던 시절보다 더 오래된 듯한 이야기이다. 겨우 사십 년밖에 안 지났는데. 그건 그렇고, 그 사람들은 진짜 군인이었을까. 아니면 운동회 와중에도 어린이들에게 반공 의식을 고취시키려 동원된 공무원이었을까. 이래도 저래도 황당한 노릇이다.

인기가 많을 수밖에

 들자 하니 요즘 초등학교 2, 3학년들 사이에 이성 친구를 사귀는 일이 유행이란다. 거기에 '사귄다'는 단어씩이나 가져다 붙이는 것이 온당한지는 모르겠으나 어쨌든 누군가 먼저 마음을 고백하고 상대가 받아주면서 특별한 관계가 시작된다니 저희 딴에는 제법 그럴듯한 절차도 있는 모양이었다.

 또래 여자아이들에 비해 생각이나 언행이 늦된 딸아이 눈에도 그것이 신기해 보였을까. 얼마 전부터 녀석은 집에 오기 무섭게 누가 누구랑 사귄다느니 누가 누구에게 차였다느니 종알종알 떠들어댔다. 가장 사적이어야 할 연애사가 그렇게 온 동네 어린이들 입에 거의 실시간으로 오르내릴 정도면 그건 이미 사적이지도 않고 연애도 뭣도 아니지 않나 싶어 나는 매번 웃어넘기기만 했다.

그런데 문득 특정 남자아이 이름이 반복적으로 등장한다는 사실을 깨달았다. 편의상 J라고 하자. 정보를 종합하면 J는 한 여자아이에게 고백을 받았다. 얼마 후 다른 여자아이에게도 연애편지를 받았다. 그리고 다시 며칠 후 또다른 여자아이에게 초콜릿을 받았다. 나는 혀를 내둘렀다. 아니, 어떻게 그럴 수가 있나. 고작 만 여덟 살 초등학생이 대체 어떤 마성을 가졌기에 며칠 단위로 줄줄이 여러 명에게 고백을 받는단 말인가. 그러게. 딸아이가 맞장구를 쳤다. J가 왜 인기가 많은지 저도 모르겠다는 것이다. 내심 다행이다 싶었다. 만약 딸아이도 그를 좋아한다면 어쩐지 실망스러울 것 같았기 때문이다.

그리고 어제, 하교하는 딸아이와 함께 동네 놀이터를 지날 때였다. 놀고 있던 친구들을 알아본 아이가 냅다 그들에게 뛰어가더니 함께 놀기 시작했다. 평소라면 실컷 놀게 해줄 텐데 하필 약속이 있는 날이었다. 싫어, 안 가, 나도 얘네랑 더 놀 거야. 떼쓰는 녀석 때문에 난처해진 나를 보고 한 여자아이가 나섰다. 우리도 곧 집에 갈 거야. 그러니까 너도 엄마 말씀 들어. 딸아이와 동갑이라는 것이 믿기지 않을 만큼 의젓하고 성숙한 아이였다. 덕분에 판세가 나에게 기울면서 딸아이는 울상이 되었다. 잠깐만요. 한 남자아이가 앞으로 나선 것은 그때였다. 딸아이를 한번 보고 다시 나를 쳐다보며 그는 물었다. 조금만 더 놀다 가게 해주시면 안 돼요? 이렇게 놀고 싶어하는데.

어떤 허락보다도 강력한 그의 질문 하나로 상황은 종료되었다. 딸아이는 신나서 다시 친구들에게 뛰어갔다. 가면서 내게 넌지시 일렀다, 저 아이가 바로 J라고. 들었는지 못 들었는지 J는 씩 웃으며 내게 고개를 숙였다. 고맙습니다, 이모. 엉겁결에 따라 웃으며 생각했다. 얘가 왜 인기가 많은지 모르겠다니, 딸아이는 어떻게 그걸 모를까.

삶이 먼저지요

　동네서점에 들렀다가 낯익은 제목의 책이 매대에 놓인 것을 보았다. 집에 두 권이나 있는 책인데도 반가워 얼른 펴보았다. 자그마치 324쇄였다. 어쩐지 그냥 지나칠 수 없어 한 권 샀다. 집으로 돌아와 확인해보니 전부터 갖고 있었던 책들은 44쇄와 66쇄였다.

　44쇄는 고등학생 때 학교 앞 서점에서 산 책이다. 그것을 읽고 나는 세상에 이런 소설도 있구나, 이런 삶도 있구나, 하며 한동안 충격과 감동에서 헤어나지 못했다. 당시 열렬히 좋아했던 아이돌 가수와 이 책의 작가가 동시에 각각 다른 곳에서 사인회를 연다면 망설임 없이 작가를 만나러 가겠다고 비장하게 결심했을 정도였다.

그로부터 십여 년 후, 사인회는 아니었지만 나는 운 좋게도 작가 선생님을 실제로 뵐 수 있었다. 아니, 운이 좋았다는 말로는 부족하다. 그것은 문자 그대로 기적에 가까운 일이었다. 지금은 고인이 되신 선생님은 그때 이미 건강 문제로 자택에 칩거하다시피 지내셨다. 각계각층에서 만남을 청해오는데 모두 고사하고 있다고 스스로 말씀하셨다. 그런데 일개 조무래기 신인 작가일 뿐인 나를 만나주셨던 것이다. 독대로, 그것도 선생님 댁에서 말이다.

그날 선생님이 선물로 주신 사인본이 66쇄다. 너무 황송하고 너무 기쁘면서도 너무 떨려 나는 내내 얼떨떨한 상태였다. 하여 그날의 기억이 전체적으로 희미하다. 다만 저녁식사 후 공원을 산책하다가 커피 자판기 앞에서 선생님이 백 원짜리 동전 두 개를 꺼내셨던 장면만은 기억에 선명하다. 단돈 백 원으로 이렇게 맛있는 커피를 마실 수 있다니 얼마나 좋으냐며 선생님은 천진하게 웃으셨다. 그리고 이런저런 이야기 끝에 당신이 생각하는 좋은 소설이란 어떤 것인지 들려주셨다. 그게 어떤 내용이었는가 하면, 참으로 워통하게도 기억이 나지 않는다. 마지막 말씀만 빼고.

선생님은 문득 떠오른 듯 무심히, 그러나 단호하게 덧붙이셨다.

"소설보다 삶이 먼저지요. 삶보다 중요한 것은 없습니다."

어떻게 잊을까. 그 문장 앞에 하등 부끄러울 것 없는 삶을 사신 선생님의 말씀을. 그리고 소설도 삶도 하나같이 엉망인 나 자신을 변호할 길이 없어 막막했던, 그럼에도 평생 마음에 새길 진언을 얻었으니 뿌듯하기도 했던 그날 집으로 돌아가는 지하철에서의 심정을.

『난장이가 쏘아올린 작은 공』 44쇄와 66쇄 옆에 324쇄를 꽂는다. 세 권의 책 사이에 삼십 년 세월이 흘렀다. 그래도 여전히 소설쓰기는 어렵고 삶은 더 어려우니 나는 아직도 그 지하철 안에 머물러 있나보다.

선물하기의 어려움

　친하게 지내는 선배 시인이 새 시집을 냈다. 가까운 몇몇이 조촐하게 출간 기념회를 하자기에 축하 선물로 무엇이 좋을까 고민하다가 선크림을 사 갔다. 오래전 선배와 여행 갔을 때 그가 어떤 브랜드의 선크림을 즐겨 쓰는지 알게 되었기 때문에 가능한 선택이었다.

　선배는 그냥 오지 무슨 선물을 사왔느냐며 가볍게 잔소리한 다음 미소를 지었다. 고마워. 근데 역시 애 엄마라 실용적이구나. 알고 보니 나 빼고는 모두 꽃다발을 사 온 것이었다. 그렇지. 축하 자리에는 꽃다발이 제격이지. 나는 그 사실을 난생처음 깨달은 사람처럼 가만히 고개를 끄덕였다.

　하지만 시간을 되돌린다 해도 꽃다발을 사고 싶지는 않았다.

애 엄마라서가 아니었다. 훨씬 일찍부터 그랬다. 꽃은 좋지만 꽃다발은 아니었다. 줄 때야 주면 그만이라 해도 받을 때는 그처럼 처치 곤란한 것이 없었기 때문이다. 며칠 못 가 시드는 꽃을 보는 것도 속상하고 그렇다고 싱싱한 생화를 다짜고짜 처음부터 말리기도 죄스러운데 가격마저 사악하지 않은가. 그렇게 내가 받았을 때 곤혹스럽다고 느끼니 자연히 남에게 주지도 않게 되었다. 선배 말대로 나는 지극히 실용적인 인간임이 분명했다. 아무렴, 가성비가 중요하지. 꽃은 고작 며칠 보고 말지만 선크림은 매일 바르는데, 하며 나는 내 선택의 정당성을 다시금 상기했다.

그러나 꽃다발을 들어 수국 향기를 맡고 리시안셔스를 어루만지며 미소 짓는 선배를 보고 있으려니 기분이 묘했다. 문득 오래전 어느 시 쓰는 후배가 리시안셔스를 선물받고 싶다는 시를 썼더니 만나는 사람마다 리시안셔스를 사왔다고 하던 기억이 났다. 그는 정색하며 다음에는 벤츠를 원한다는 시를 써야겠다는 말로 사람들을 웃겼다. 나도 웃었지만 속으로는 울컥했었다. 원치 않는 리시안셔스가 불만인 척 행복해하는 후배의, 그리고 그에게 기꺼이 리시안셔스를 선물한 사람들의 마음이 상상되어서였다. 상대가 원하는 것을 선물하고 싶은 마음, 상대를 기쁘게 해주고 싶은 마음, 그것이 선물의 본질일 것이다. 후배가 정말 벤츠를 원하고 후배를 사랑하는 누군가 그럴 능력이 있다면 정말 벤츠를 선물할 수도 있는.

  그러니까 결과적으로 나의 실용이란 얼마나 편협하고 이기적인지. 그런데도 다시 시간을 되돌린다면 꽃다발을 사겠는가 하는 질문에 금방 네 하고 입이 떨어지는 것도 아니니 얼마나 고질적인지.

혼자 학교 가는 길에

며칠 전 딸아이 하교 시간에 교문 앞에서 아이를 기다리다가 문득 언제까지 이래야 하나 싶었다. 아이마다 개인차가 있겠지만 보통은 2학년쯤 되면 학교도 학원도 혼자 다닌다. 독립심 강한 아이는 1학년 때부터 혼자 다니기도 한다.

나도 딸아이에게 일찌감치 독립심을 심어주고 싶었다. 그러나 녀석이 허구한 날 학교 가기 싫다고 투덜대는데다, 간신히 등교시키면 우산이나 필통 따위 자잘한 소지품은 말할 것도 없고 책가방이며 겉옷이며 심지어 신발까지 잃어버리고 귀가하기 일쑤라 불안한 마음에 따라다니다보니 어느새 3학년이 된 것이었다.

교문을 빠져나오는 아이에게 대뜸 선언했다. 너도 이제 3학년이니까 등하교 혼자 해. 사실 별 기대 없이 한 말이었다. 이전에도 몇 번 이야기했는데 그때마다 녀석이 한사코 거부했기 때문이다. 그런데 이게 웬일인가. 아이가 그러겠다고 하는 것이 아닌가. 정말이지? 앞으로 너 혼자 다니겠다는 거지? 아이는 순순히 고개를 끄덕였다.

마침내 오늘 아침, 처음으로 아이 혼자 등교하기로 했다. 나는 현관문 앞에서 아이를 배웅했다. 잘 다녀와! 그런 다음 곧바로 미행에 나섰다. 들키지 않으려고 첩보영화에서처럼 아이와 일정 거리를 유지하고 적당한 지형지물이 나타날 때마다 몸을 숨겨가며 뒤를 밟았다. 의외로 녀석은 한눈팔지 않고 부지런히 걸어 금세 교문 앞에 이르렀다. 그리고 교문을 지나치더니 길모퉁이를 돌아 순식간에 내 시야에서 사라졌다. 세상에. 쟤가 지금 어딜 가는 거지. 나는 일정 거리고 뭐고 부리나케 그쪽으로 뛰었다.

아이는 학교 근처 문방구에 있었다. 싸구려 불량식품이 진열된 매대 앞에서 한참을 고른 끝에 무엇인가를 샀다. 그리고 맞은편 공터로 가서 쪼그리고 앉더니 문방구에서 산 것을 세 입에도 넣고 땅바닥에도 내려놓았다. 길고양이 주려는 것일까. 뭘 산 거지? 전봇대 뒤에 숨어 내가 가진 모든 에너지를 시력으로 치환했다. 오, 그것은 어포였다. 여덟시 오십오분, 곧 교문이 닫힐 시각이었다. 그러거나 말거나 아이는 천하태평이었다. 설마 결석하려는 것일까. 이쯤에서 나서야겠다고 생각하면서도 나는 어쩐지 아이를 방해하고 싶지 않아 계속 지켜보기만 했다.

이윽고 녀석이 몸을 일으켰다. 아무 일 없었다는 듯 태연하게 걸어 닫히기 직전의 교문을 통과했다. 결과만 보면 첫 홀로 등교에 성공한 셈이다. 그런데 대견하기는커녕 걱정이 태산이다. 당장 내일 아침 등교는 또 어떻게 해야 할까.

이것도 직업병

　며칠 전 뜻하지 않게 기회가 생겨 종합 심리 검사를 받았다. 검사 종류가 주관식과 객관식을 망라하여 대여섯 가지쯤 되었던 것 같다. 사실 검사명의 영문 약자들이 비슷한 데다 내용도 겹치고 무엇보다 한꺼번에 여러 검사를 몰아치듯 받은 탓에 나중에는 이게 그거 같고 그건 저거 같고 이 문항에서 내가 아까는 이렇게 답했는지 저렇게 답했는지 총체적으로 헷갈리는 지경에 이르렀다.

　그러나 진짜 문제는 그것이 아니었다. 헷갈리는 상황에서도 나는 나의 심리와 기질과 성격이 최대한 정확하게 드러나도록 최선을 다했는데, 문득 최선을 다하는 자세가 오히려 검사의 목적에 부합하지 못하는 결과를 낳을 수도 있음을 깨달았다는 것이 문제였다.

특히 주관식 검사에서 그러했다. 이른바 문장 완성 검사는 응답자에게 특정 문장을 앞부분만 제시해주고 나머지 뒷부분을 이어 쓰게 하는 것이었다. 검사지 상단에 '가장 먼저 떠오른 생각을 써야 한다, 가능한 한 빨리 써야 한다'는 주의사항이 있었다. 성실하고 협조적인 응답자로서 당연히 그렇게 하려고 했다. 하지만 얼마 못 가 곤란해졌다. 어느 나라에서 고안한 검사인지 몰라도 내게 제시된 것은 한글 번역본이 틀림없었는데 일부 문장이 다소 부자연스러웠기 때문이다. 이를테면 제대로 된 문장은 '아버지를 떠올릴 때면_____'일 것 같은데 검사지에는 '아버지가 떠올릴 때면_____' 이렇게 쓰여 있는 식이었다. 하여 처음에 나는 곧이곧대로 가장 먼저 떠오른 생각을 썼다. 문장이 어색합니다.

그랬다가 곧 지웠다. 그렇게 쓰면 안 될 것 같아서였다. 온갖 생각이 머릿속을 바삐 오갔다. 혹시 그렇게 써도 내 입장에서는 시키는 대로 최선을 다한 것이고 세상에는 별의별 응답자가 다 있을 것이며 결과도 별의별 변수까지 다 고려하여 도출될지 모르니 그대로 쓰자는 생각. 그래도 그렇지, 문장을 완성하는 것이 아니라 문장이 비문인지 오문인지 혹은 번역이 어색한지 따위를 평가하는 식의 응답은 상식적으로 검사의 의도에 맞지 않으니 그렇게 쓰면 안 된다는 생각. 가만있자, 가능한 한 빨리 써야 한다고 했는데 지금 이렇게 갈팡질팡하며 시간을 허비하는 것 자체가 이미 패착 아닌가. 아니, 그나저나 지금까지 문장이 어색하다는 지적을 한 사람이 아무도 없었나. 다들 아무렇지도 않았나. 내가 문제인가. 나만 예민하게 구는 것일까.

그럴지도 모른다. 어쩌면 이게 다 내가 글 쓰는 사람이어서, 글쓰기를 가르치는 사람이어서, 말하자면 직업병 때문일 수도 있겠다는 생각.

어디가 제일 좋았니

엊그제 딸아이와 딸아이 친구, 그 친구의 엄마, 나까지 모두 넷이 경주 여행을 다녀왔다. 사실 처음에 나는 경주가 아니라 가까운 바닷가를 염두에 두고 있었다. 아이들과 함께 가기에 여름 끝물의 바닷가만큼 무난한 여행지도 드물 것이라는 판단에서였다. 그러나 아이 친구의 엄마가 대뜸 경주를 제안했다. 대체 불가능한 경주만의 매력에 대한 설명과 함께 아이들에게 신라 유적지들을 둘러보는 경험이 간접적인 역사 공부가 되니 교육적으로도 그보다 좋을 수는 없다는 그의 말에 나는 기꺼이 설득당했다.

마음이 분주해졌다. 불국사에 가면 아이들에게 석축의 아름다움을 눈여겨보라고 해야지, 석가탑 앞에서 아사달과 아사녀

이야기를 들려주어야지, 대릉원에 가서는 릉과 총과 묘의 차이에 대해 알려주어야지, 첨성대도 가고 안압지도 가고 남산에도 올라야지, 하며 나는 책장 구석에 꽂혀 있던 경주 관련 서적을 모조리 꺼내 탐독했다.

물론 이런저런 변수가 많아 욕심만큼 많은 곳을 둘러보지는 못했다. 그래도 주요 유적지들은 거의 다 갔다. 알고 보니 나처럼 아이 친구 엄마도 경주를 특별히 좋아하는데 어쩌다보니 결혼 후 십여 년째 못 갔던 터라 둘 다 이번 여행에 대한 감회가 컸다. 서울로 돌아오는 길에 우리는 각자 경주에서 간 곳들 중 어디가 제일 좋았는지를 이야기했다. 그는 이번에 처음 가보았다는 남산을, 나는 늘 갔어도 여전히 좋은 노동동 노서동 고분군을 꼽았다. 그가 아이들에게도 색다르고 유익한 여행이 된 것 같다며 흐뭇해했다. 이게 다 그가 경주를 추천한 덕분이라며 나도 그에게 감사를 표했다.

그때 뒷좌석에서 딸아이가 불쑥 말을 보탰다. 난 거기가 제일 좋았는데. 응? 어디 말이야? 청개구리 잡았던 곳 말이야. 들어보니 나정을 말하는 것이었다. 오, 거기가 왜 좋았나. 박혁거세 신화가 흥미로웠나 싶었는데 천만에, 아이가 천연덕스럽게 대꾸했다. 그야 청개구리를 세 마리나 잡았으니까 좋지. 아이 친구도 곧 합세했다. 제가 제일 좋았던 곳은요. 들어보니 남산 불곡마애여래좌상을 말하고 있었다. 오, 그럴 만하지. 외할머니처럼 자상해 보이는 부처의 미소가 좋았겠지 추측하는데 천만에, 아이가 거침없이 말을 이었다. 왜냐 하면 거기 솔방울이 많았잖아요. 그거 던지면서 노는 게 진짜 재미있었거든요.

승용차 안이 한동안 조용했다. 아무려면 어떤가. 저마다 가장 좋았던 장소가 따로 있고 그 이유가 분명하고 결과적으로 모두가 만족하니 그야말로 나무랄 데 없는 여행이었다.

엄마 껴안기 대회

 딸아이와 걷다가 우연히 아이 친구를 만났다. 웬 트로피를 들고 있기에 뭔가 했더니 엊그제 피아노 콩쿠르에서 대상을 받았단다. 그 트로피를 방금 피아노 학원에서 찾아오는 길이라는 것이었다. 대상이라면 말 그대로 전체 1등인데 그걸 저학년이 받았다니 대단하다 싶어 나는 한참을 칭찬해주었다.

 그 친구와 헤어져 다시 걷는데 딸아이가 다른 친구들 이야기를 꺼냈다. 누구는 얼마 전 미술대회에서 상을 받았고 누구는 수학경시대회에서 상을 받았으며 또 누구는 발명대회에서, 누구는 독후감 대회에서, 누구는 바둑 대회에서 상을 받았다나. 그러더니 불쑥 물었다. 엄마, 나도 대회 나갈까?

 예상치 못한 질문이었다. 사실 딸아이도 피아노 학원에 다닌다. 아이 학원에서도 콩쿠르 참여를 독려한다. 그러나 딸아이는 아직 그럴 만한 역량도 없고 의지도 없다. 제 엄마가 영어 수학 학원은 안 다녀도 피아노 학원은 다녀야 한다고 우기니 마지못해 다니는 것뿐이다. 늘 이것도 싫다, 저것도 어렵다, 배우는 거라면 뭐든지 거부부터 하는 아이가 갑자기 대회라니, 친구들 수상 소식이 부러웠나 싶었다. 네가 나가고 싶으면 나가 보는 것도 좋지. 근데 그러려면 피아노 연습을 정말 많이 해야 해. 아이가 나를 빤히 쳐다보았다. 피아노 대회는 싫은데?

그럼 무슨 대회에 나가겠다는 건가. 아이가 다니는 학원은 피아노와 수영이 전부인데 설마 수영 대회? 아이는 고개를 저었다. 엄마는 참, 내가 잘할 수 있는 대회에 나가야지. 나는 내심 이 녀석이 그래도 분수를 알긴 아는구나 안도했다. 맞아. 네가 잘하는 걸 해야지. 그러면 너는 무슨 대회에 나갈 건데? 순간 아이의 눈이 반짝 빛났다. 엄마 껴안기 대회.

예상치 못한 대답이었다. 하지만 나는 예상했다는 듯 고개를 끄덕였다. 좋아. 바로 그거야. 너 잘할 수 있지? 근데 엄마 껴안는 걸 잘하려면 어떻게 해야 하는 거야? 응, 그건 말이야, 세상에서 가장 행복한 표정으로 엄마를 껴안아야 한다는 거야. 그리고 엄마도 정말 사랑이 넘치는 표정으로 아이를 안아줘야

해. 녀석의 표정이 흡사 심사 기준을 설명하는 심사위원처럼 진지해 보여서 웃음이 나왔다. 잠깐, 그러면 엄마도 대회에 같이 나가야 하는 거야? 아이도 웃으며 고개를 끄덕였다. 오, 우리 한 팀이네. 잘해보자.

아이가 세상에서 가장 행복한 표정으로 나를 와락 안았다. 보아하니 대상은 따놓은 당상이었다.

사라진 그리마

 베란다에 있던 남편이 갑자기 으악 소리를 질렀다. 무슨 일인가 싶어 갔더니 그가 벽 한쪽을 손가락으로 가리켜 보였다. 상추며 방울토마토며 대파 등을 심어놓은 화분들 사이 벽에 시커먼 무엇인가가 붙어 있었다. 그리마였다. 흔히 돈벌레라고 불리는, 지네처럼 다리가 많고 움직임이 빠른 그 흉측하게 생긴 절지동물 말이다. 남편이 자신은 절대 못하겠으니 나더러 그것을 처리해달라고 했다.

 나라고 쉽겠는가. 세상에 벌레를 좋아하는 사람이 어디 있는가. 더구나 벌레 죽이는 것을 좋아서 하는 사람이 어디 있겠는가. 살아 있는 그리마도 징그럽고 무섭지만 그렇다고 그것을 죽인다는 것은 더 끔찍했다. 남편이 그러면 죽이지는 말고 집

밖으로 내보내자고 했다. 죽이든 내보내든 우리가 뭔가 행동을 취해야 한다는 의미였다. 내보낸다면 어떤 경로로 내보낼지, 실패할 경우 어떤 대안이 있을지 등 여러 가지를 궁리해야 했다. 그리고 남편과 내가 의견을 주고받는 사이 그리마는 사라져버렸다. 남편은 녀석이 눈앞에 있을 때보다 더 경악했다. 당장 찾아야 한다며 펄펄 뛰는 그와 반대로 나는 마음이 평온해졌는데 동시에 이 평온함이 어딘가 낯설었다.

까마득한 이십대 시절 친구와 둘이 남해 여행을 갔던 기억이 났다. 우리는 바닷가 민박집에 여장을 풀었다. 친구가 씻고 오겠다며 자리에서 일어나다가 비명을 질렀다. 방바닥에 민달팽이 한 마리가 기어가고 있었다. 나는 내가 처리할 테니 어서 씻고 오라고 친구를 안심시켰다. 쓰고 있던 일기를 마저 쓰고 그것을 내보낼 생각이었다. 그러나 일기장을 덮었을 때 민달팽이는 사라져 있었다.

친구와 나는 방 구석구석이며 창틀, 장판 밑, 심지어 장롱 서랍까지 뒤졌다. 밀폐된 방에서 날개는커녕 발도 없는 녀석이 탈출하는 것은 불가능했다. 느려터진 속도를 감안하면 사실 문까지 가지도 못했을 시간이었다. 하지만 코딱지만한 방 어디에도 녀석은 없었다. 어떻게 된 거지. 어디로 간 거지. 나는 전전 궁금하며 사방을 살피고 또 살폈다. 이제 그만 찾자. 그렇게 말한 것은 친구였다. 안 보이니까 안 무서워. 친구의 얼굴은 정말로 평온해 보였다. 나는 아니었는데. 눈에 보이는 민달팽이는 하나도 안 무섭지만 눈에 안 보이는 민달팽이는 무섭고 불편했는데. 그래서 그 밤 내내 잠을 이루지 못했는데.

그랬던 내가 이제는 사라진 그리마에 안도하고 있다. 이십여 년 전의 나와 지금의 나 사이가 이렇게 멀다.

춘천행 기차에서 생긴 일

지난 주말, 딸아이와 기차를 타고 춘천 친정에 가는 길이었다. 좌석표를 미처 구하지 못해 객차 사이 연결 통로에 서서 가야 하는 상황이었다. 그 공간에 자리잡은 이는 모두 다섯 명. 육십대 초반으로 보이는 여성, 그와 연배가 비슷해 보이는 남성, 대학생이나 고등학생쯤 되었을 앳된 얼굴의 남학생, 그리고 딸아이와 나.

우리 다섯 명은 각자 한쪽 구석씩을 차지하고는 서로 말이 없었다. 열차가 출발한 지 십 분쯤 되었을까. 갑자기 육십대 여성이 딸아이에게 물었다. 너 이 사탕 먹을래? 네! 아이는 내가 무어라 말리기도 전에 신나서 여성 앞으로 갔다. 사탕을 먹는 아이에게 그가 다시 물었다. 그런데 너 교회 다니니? 아니요. 안

다니는데요.

아이고, 잘했다. 교회 다닐 필요 없어. 그렇게 끼어든 것은 육십대 남성이었다. 여성이 그게 무슨 말이냐고 따지자 남성은 종교는 무용지물이라며 아인슈타인도 교회를 다니지 않았다고 덧붙였다. 두 사람은 곧 종교의 필요성에 대해 옥신각신 언쟁을 벌였고 딸아이는 그들이 그러거나 말거나 사탕 먹기에 열중했으며 나는 그 풍경을 어쩔 줄 몰라 하며 바라보고만 있었다. 그때 출입문 앞에 서 있던 남학생이 불쑥 나를 향해 몸을 돌렸다. 저기요, 이 열차 왜 안 서요? 상봉역에 내려야 하는데.

내가 이 열차는 상봉역에 정차하지 않는다고 말해주자 그의 얼굴이 사색이 되었다. 알고 보니 잘못 탄 것이었다. 우리가 탄 기차는 지하철이 아니라 ITX 고속철이었다. 주요 경유지 몇 곳에만 설 뿐 춘천까지 급행으로 가는 기차인데 일반 지하철과 같은 선로를 쓰다보니 어쩌다 잘못 타는 사람들이 종종 있었다. 일단 다음 정차역에서 내리세요. 그리고 다시 상봉역 쪽으로 돌아가셔야 할 것 같아요. 그가 울상을 지으며 대꾸했다. 저 고3 수험생이거든요. 지금 논술 시험 보러 가는 길인데. 순간 열차 안이 조용해졌다. 육십대 남성과 여성도 어느 틈엔가 언쟁을 멈추고 학생을 돌아보고 있었다.

객차 문이 열리며 검표원이 등장했다. 열차표 확인하겠습니다! 그러자 육십대 여성이 대뜸 나섰다. 다음 역까지 얼마나 남았나요? 저 남학생이 고3인데 열차 잘못 탔대요. 지금 대입 시험 보러 가는 길이래요. 검표원이 학생에게 다가갔다. 표정 없는 얼굴이 너무 사무적으로 보여 부정 승차 벌금에 대한 안내를 하려나 했는데 이번에는 육십대 남성이 끼어들었다. 벌금이 얼마요? 내가 대신 내주겠습니다. 그러자 검표원이 예의 무표정한 얼굴로 두 사람의 질문에 한꺼번에 대답했다. 오 분 내에 정차합니다. 벌금은 받지 않겠습니다.

열차 안이 다시 조용해졌다. 교회에 다니든 종교를 부정하든 부정 승차 단속 의무가 있든 없든 간에 객차 안 어른들은 모두 같은 마음이었다. 무슨 일이 있어도 고3 수험생이 입시에 늦는 불상사가 생기면 안 된다는 것. 딸아이 혼자 아무것도 모르고 사탕만 먹고 있네 했더니 남학생이 하차하기 직전 아이가 큰 소리로 외쳤다. 시험 잘 보세요!

완벽한 마무리였다.

이것이 정말 소설이라면

한 여학생으로부터 메일을 받았다. 대통령 탄핵 촉구 집회에 참가해야 해서 부득이하게 수업을 빠지게 되었다는 내용이었다. 평소 강의실 구석 자리에 있는 듯 없는 듯 혼자 조용히 앉아 있던 그가 대규모 집회에 나간다니, 게다가 이렇듯 당당하게 사유를 밝히고 결석을 예고하다니.

사실 생각해보면 놀랄 일도 아니었다. 정치에 관심이 있건 없건 성격이 외향적이건 내성적이건 누구나 충격과 분노 속에서 거리로 당장 뛰쳐나가고 싶어질 만큼 지난주 대통령의 비상계엄 선포는 이루 말할 수 없이 황당무계한 재난이요 비극이었다. 학생은 메일에 '상황이 너무 비현실적이라 믿기지 않는다. 차라리 소설이면 좋겠다'고 썼다. 소설을 배우는 학생이니 그렇게 말하면서도 스스로 참담했을 것이다.

나는 답장에 그렇다고, 하지만 이것이 정말 소설이라면 첫 장도 넘기기 전에 쓰레기통으로 직행할 망작일 거라고, 플롯도 없고 인과도 없고 개연성도 없고 매력적인 등장인물도 없고 그러니까 독자를 설득할 요소라고는 아무것도 없으니까, 하고 써야겠다고 생각했다.

그러다가 우연히 포털 사이트 상단에 있는 뉴스 기사를 보게 되었다. 어떤 중년 남성이 탄핵 집회 참가자들을 위해 국회의사당 근처 빵집에서 수백만 원을 선결제했다는 기사였다. 그 외에도 커피 수백 잔을 결제한 사람, 어묵탕 수십 그릇을 결제한 사람, 핫팩 수백 개를 사서 돌린 사람 등 비슷한 내용의 기사들이 이어졌다. 집회 현장에서 여자 화장실 줄이 너무 길어 여성들이 애를 먹자 남성들이 상대적으로 한산한 남자 화장실을 쓰게 하고는 돌아가며 화장실 바깥에서 보초를 섰다는 기사, 집회가 끝난 후 참가자들이 일사불란하게 쓰레기를 정리하고 거리를 청소했다는 기사, 대학 교수들이 어지러운 시국을 겪는 학생들에게 미안해하며 기말고사를 철회하거나 과제를 축소해 주었다는 기사들을 읽으며 나는 어안이 벙벙했다.

하나같이 너무나 비현실적이어서 나야말로 메일 보낸 학생에게 참 소설 같은 상황 아니냐고 말하고 싶었다. 덧붙여 그런데 참 이상하다고, 이것이 정말 소설이라면 플롯도 없고 인과도 없고 개연성도 없는데 어쩐지 끝까지 읽고 싶어진다고. 이렇게 연대하는 사람들이 있어서, 불의에 맞서는 사람들이 있어서, 더 나은 미래 더 좋은 세상을 꿈꾸는 사람들이 있고 꿈꾸면 이루어진다고 믿는 사람들이 있어서, 그러니까 최소한 매력적인 등장인물들은 있어서 이 소설의 결말을 상상하고 싶어진다고 말이다.

찹쌀 도넛과 시

며칠째 감기로 고생하는 딸아이가 종일 밥술도 뜨는 둥 마는 둥 기운이 없더니 저녁 늦게 별안간 빵이 먹고 싶다고 했다. 어떤 빵인가 물었더니 도넛이란다. 안에는 팥이 들어 있고 겉에는 설탕이 뿌려져 있는, 그러니까 구球 형태의 찹쌀 도넛을 말하는 것이었다.

알았어. 금방 사올 테니 잠깐만 기다려. 곧바로 자리에서 일어나 외투를 걸쳤다. 엄마, 다른 빵은 안 돼. 꼭 그걸로 사야 해. 열 때문에 발갛게 상기된 얼굴로 아이가 당부할 때만 해도 나는 별생각이 없었다. 어려운 일도 아니고, 찹쌀 도넛이라면 빵집마다 낭연히 구비해놓는 품목 아닌가 말이다.

그러나 가장 먼저 들른 동네 빵집에는 그것이 없었다. 빵집

주인이 미안해하며 오늘은 일손이 많이 달리는 날이라 도넛을 만들지 못했다고 했다. 두번째로 들른 프랜차이즈 빵집에서도 허탕을 쳤다. 도넛이 세 종류나 있었지만 공교롭게도 안에 팥이 든 제품만 품절이었다. 세번째로 간 곳은 골목 안쪽에 있는 테이크아웃 도넛 전문점이었다. 금일 휴업. 다시 큰길로 나오는데 허탈함 때문인지 몸이 으슬으슬했다. 바람도 없는데 대기가 건드리면 쨍 소리가 날 듯 차가운 것이 이러다가 나까지 감기 걸리겠다 싶었다.

그래도 포기할 수 없었다. 네번째 빵집은 걸어서 십 분쯤 걸리는 곳에 있었다. 걸어갈까, 추운데 버스를 탈까, 망설이며 횡단보도 앞에서 보행 신호를 기다리는데 불현듯 맞은편 행인들 손에 빨강과 초록 줄무늬가 선명한 케이크 상자가 들린 것이 눈에 띄었다. 순간 느닷없이 김종길의 시가 떠올랐다. 아버지가 눈을 헤치고 따온 붉은 산수유 열매, 어두운 방안엔 바알간 숯불이 피고, 아이는 아버지의 서느런 옷자락에 볼을 부비는, 성탄제의 밤……

물론 열을 내려주고 면역력을 높여주며 항염 작용을 하는 산수유 열매가 아니라 고지방 고열량에 비만과 당뇨 및 심혈관 질환 발병률을 높이는 도넛을 구하러 다니는 내 상황을 그 시에 대입시키기는 어렵겠지만 그래도 같은 성탄제의 밤, 시 속에서 아팠던 아이는 서른 살이 되어 그 옛날 젊었던 아버지와 산수유를 떠올리는데 내 딸아이는 훗날 오늘을 어떻게 기억할까. 기억이나 할까.

 어서 도넛을 사들고 돌아가 아이에게 「성탄제聖誕祭」를 읊어주어야겠다고, 그 처연하게 아름다운 시로 아이가 오늘을 기억할 수 있으면 좋겠다고, 그렇게 생각하며 나는 다음 빵집을 향해 부지런히 걸었다.

에필로그

껴안은 사람을
미워할 수는 없을 테니

2020년 봄부터 2025년 봄까지 세계일보에 격주로 '김미월의 쉼표' 칼럼을 연재했다. 그 원고들과 몇몇 다른 잡지에 게재했던 에세이를 더해 이렇게 책을 엮는다.

연재를 시작할 때는 설마 오 년이나 할 줄 몰랐다. 격주가 그렇게 빨리 돌아오는 줄도 몰랐다. 하기야 몰랐으니 겁도 없이 시작했을 것이다. 글감이 떠오르지 않아 괴로워하고, 써놓은 글에 묘사된 나 자신의 대책 없음에 부끄러워하고, 그나저나 소설도 안 쓰면서 에세이만 부지런히 쓰고 있다는 사실에 새삼 놀라워하며 보낸 그 시간 동안 딸아이는 유치원생에서 초등학생이 되었다. 그럼 나는 무엇이 되었나.

아무것도 되지 않았다. 하지만 원래의 나로 머물러 있을 수 있었다. 뭔가를 쓰고 있었던 덕분이다. 장르와 상관없이 어쨌든 글쓰기를 놓지 않았기 때문에 나를 돌아보고 나를 인정하고 나를 지킬 수 있었다. 그것이 가능하도록 긴 시간 귀한 지면을 내준 세계일보에 감사한다.

아울러, 소소한 일상사를 책으로 내도 될지 주저하던 내게 이토록 사랑스러운 산문집의 청사진을 보여주고 꼭 필요한 순간마다 꼭 필요한 격려로 나를 감동시킨 벗 민정, 극강의 섬세함과 신중함으로 원고 구석구석 한 글자도 놓치지 않고 살펴봐주어 나를 탄복시킨 천재 편집자 유성원님께도 감사 말씀을 올린다.

마지막으로 한마디 더. 책 제목 '엄마 껴안기 대회'는 딸아이가 작년에 실제로 했던 말이다. 아이는 그전에도 그때도 지금도 매일 수십 차례씩 나를 안아준다. 그러다보니 언제부터인가 나 역시 누군가를 껴안는 것을 좋아하게 되었다.

정말로 엄마를 껴안고, 자식을 껴안고, 남편을, 형제자매를, 친구를, 연인을, 동료를, 이웃을 그저 순수하게 껴안는 대회가 있다면 어떨까. 그러면 경쟁자도 껴안고 심사위원도 껴안아야 하나. 껴안은 사람을 미워할 수는 없을 테니 아무도 상처받지 않는 대회가 되려나.

이런 황당한 상상을 하며 웃을 수 있는 것도 다 아이 덕분이다.

솔리야, 고마워.

엄마 껴안기 대회

ⓒ 김미월 2025

초판 1쇄 인쇄 2025년 7월 23일
초판 1쇄 발행 2025년 7월 31일

지은이 김미월
펴낸이 김민정

책임편집 유성원
편집 권현승 정가현
디자인 한혜진
저작권 박지영 형소진 주은수 오서영 조경은
마케팅 정민호 박치우 한민아 이민경 박진희 황승현 김경언
브랜딩 함유지 박민재 이송이 박다솔 조다현 김하연 이준희
제작 강신은 김동욱 이순호
제작처 영신사

펴낸곳 (주)난다
출판등록 2016년 8월 25일 제406-2016-000108호
주소 10881 경기도 파주시 회동길 210
전자우편 nandatoogo@gmail.com **페이스북** @nandaisart **인스타그램** @nandaisart
문의전화 031-955-8865(편집) 031-955-2689(마케팅) 031-955-8855(팩스)

ISBN 979-11-94171-76-8 03810

○ 이 책의 판권은 지은이와 (주)난다에 있습니다.
○ 이 책 내용의 전부 또는 일부를 재사용하려면 반드시 양측의 서면 동의를 받아야 합니다.
○ 난다는 (주)문학동네의 계열사입니다.
○ 잘못된 책은 구입하신 서점에서 교환해드립니다.
   기타 교환 문의: 031-955-2661, 3580